IN THE OTHER ZONES

우리는 왜 차이를 차별하는가

출판은 사람과 나무 사이에서 이루어지는 가치 있는 일입니다.
도서출판 사람과나무사이는 의미 있고 울림 있는 책으로 독자의 삶을
좀 더 풍요롭게 만들기 위해 최선을 다하겠습니다.

IN THE OTHER ZONES
인디아더존스
우리는 왜 차이를 차별하는가

염운옥 · 조영태 · 장대익 · 민 영 · 김학철 · 이수정 지음

T&C
Foundation

사람과
나무사이

추천사

한건수

강원대학교 문화인류학과 교수, 문체부 문화다양성위원회 위원장

처음 『인디아더존스: 우리는 왜 차이를 차별하는가』의 기획 의도를 듣고 출판용 원고를 받았을 때는 걱정과 기대의 감정이 동시에 들었다. 차별과 혐오 시대에 다양성의 가치를 강조하는 논의가 더는 새롭지 않기 때문이다. 그러나 참여 저자의 명단을 본 후 걱정은 곧 내려놓았다. 다들 이 분야 최고 전문가로 명성이 높은 분들이기에 어떤 새로운 논의가 있을지 기대하며 원고를 펼쳤다.

차별과 혐오 문제가 한국 사회의 주요 의제가 된 것은 1990년대 이후 증가하기 시작한 이주민 유입에서 시작되었다. 한국의 이주민은 이주 노동자, 결혼 이민자, 재외동포, 유학생, 난민 지위 신청자 등 다양한 체류 유형과 이주 경로로 하나의 집단으로 분석하기

도 어려운 상황이다. 이주민 대부분은 이주 경로를 취하기에 체류 유형에서 혼합된 형태를 보이기도 한다. 한국 사회의 성격도 지난 30년간 변화해왔다. 과거 이주 노동자와 이민자를 송출하던 국가에서 이주민을 수용하는 국가로 전환되었고, 저숙련 노동력이 필요했던 국가에서 이제는 저출생으로 인한 인구 감소에 직면하여 인구정책과 이민정책을 함께 고민하는 나라가 되었다.

이주민을 향한 한국 사회의 차별과 혐오는 지난 30년 동안 많은 개선이 있었다. 인권 단체의 기록에 남아 있는 1990년대 한국은 이주민을 향한 인권침해와 폭력이 난무한 사회다. 한국인 동료에게 쇠 파이프로 맞은 필리핀 이주 노동자, 산재를 당하고도 불법체류자라며 아무런 보상도 받지 못하고 추방당한 네팔 노동자, 한밤중에 여성 이주 노동자의 기숙사에 술 취한 채 들어와 성추행을 일삼은 한국인 관리자, 외국인 며느리의 여권을 빼앗고 외출조차 허락하지 않는 시어머니, 가정폭력을 피해 뛰어내리다 사망한 베트남 결혼 이민자의 이야기가 빼곡하게 기록되어 있고, "때리지 말라"라는 한국어 문장을 가장 먼저 외워야 했던 여성 이주 노동자의 일기가 공개된 시절이었다. 믿기지 않는다면 1990년대 신문 기사와 이제는 도서관 장서로 잠들어 있는 이주 노동자 인권 백서를 읽어볼 것을 권한다.

물리적 폭력이라도 감소한 현재 상황은 다문화 교육으로 대표되는 다양한 교육(인권, 평화, 국제이해, 지속 가능한 발전, 세계시민 교육 등)과 사회적 계몽, 그리고 정부의 정책 개입이 가져온 성과다.

한동안 '다문화 열풍'이라 불릴 정도로 집중된 사회적 계몽과 교육이 이주민 수용성 면에서 변화를 불러온 것이다. 그러나 공감(empathy)이 아닌 동정(sympathy)과 시혜적 관점의 계몽은 모래성처럼 위태로운 대증 치료에 불과했음이 만천하에 드러났다. 2018년 예멘 출신 난민 지위 신청자 500여 명이 제주도로 입국하자 한국 사회는 다시금 본모습을 보이기 시작했다. 이방인 차별과 혐오 표현이 '국민이 먼저'라는 주장으로 위장되었고, 그동안 마음속에 감추어 둔 혐오와 편견을 거리낌 없이 공개하는 사례가 늘었다. 이 과정에서 혐오는 스스로 진화하며 논리를 만들고 때로 가짜뉴스로 자신의 주장을 뒷받침하곤 했다.

차이에 대한 혐오와 차별은 대부분 소수자에게 집중된다. 주류는 자신들과 구별되는 소수 집단을 늘 생산해내고 이들을 타자화한다. 자신과 대비되는 존재가 필요한 이유는 자신을 정의하고 경계를 유지하기 위해서다. 따라서 타자화한 집단의 범주와 경계 대부분은 유동적이고 주류의 필요에 따라 언제나 변경할 수 있다. 포섭과 배제는 주류 집단이 타자인 소수자를 지배하고 통제하는 수단이다. 소수자는 숫자의 문제도 아니다. 인류 역사에서 소수의 주류 집단이 다수의 비주류 집단을 배제하고 차별하며 착취의 질서를 만든 사례는 부지기수다. 이 과정에서 문화는 질서를 만들고 유지하며 합리화하는 각본을 제공하기도 한다.

한국 사회의 혐오와 차별은 이제 단순히 차이에 대한 방어적 대응을 넘어서 주류 또는 자신의 필요에 따라 포섭과 배제의 경계를 만들고, 거기에 가치와 의미를 부여하고, 혐오와 차별을 정당화하는 단계에 이르렀다. 과거에 같은 민족이자 동포라며 포용하던 조선족 동포를 이제는 중국인이라는 국민의 경계로 배제한다. 반대로 미국 국민인 한국계 미국인에게는 여전히 한민족 정체성을 지켜야 한다며 민족의 경계로 이들을 포용하려 한다. 오래전부터 함께 일하고 같은 지역에 거주한 인도네시아 무슬림 청년은 이웃과 친구이기에 어떤 배제도 없지만, 같은 무슬림인 아랍 지역 청년은 여성의 안전을 위협하는 테러리스트 무슬림 남성으로 배제한다. 아랍의 이슬람교와 인도네시아의 이슬람교가 본질적으로 다른가? 미국 출신 흑인이라면 기꺼이 집을 세주는 집주인이 아프리카 출신 흑인과는 계약할 수 없다고 할 때, 미군이라고 거짓말을 한 나이지리아인 이주민은 나쁜 사람일까? 이웃에 이슬람 사원이 세워지는 것을 용납할 수 없다며 자신의 전통 신앙을 존중해달라면서 이슬람 사원 건축 부지 앞에 돼지머리를 전시하는 행위는 보호받아야 하는 문화적 실천일까? 일부 기독교인의 무슬림 혐오는 신앙의 실천인가 아니면 이웃을 사랑하지 않는 세속적 혐오인가?

한국 사회의 혐오와 차별은 이제 국민과 민족을 경계로 대상을 만들어내지 않는다. 전통적으로 '우리' 안에 속해 있던 내부의 '타자'를 만들어 공격하기 시작했다. 노인과 청년, 수도권과 지방, 남성과 여성, 장애인과 비장애인, 계층 간 차이가 혐오와 차별 영역으로 부상하고 있다. 더는 주류와 비주류의 문제가 아니라 '우리'와 '그들' 또는 '나'와 '타인'의 경계가 자의적으로 설정되고 확대

된다.

『인디아더존스: 우리는 왜 차이를 차별하는가』는 이러한 암울한 상황에서 단순히 다양성을 존중하자고 말하지 않는다. 우리가 신념처럼 믿고 있는 기본적 사실에서부터 하나하나 검토하기를 권고한다. 과학적인 것 같은 인종 개념이 어떻게 만들어지고 왜곡되어왔는지, 이동을 통한 인류의 발전은 왜 지속되어야 하는지, 다양성이 정말 편하고 좋은 것인지 질문한다. 혐오도 마찬가지다. 혐오는 본질적으로 악한 것인가? 그런데 왜 신은 인간에게 혐오를 가르쳤을지 고민해볼 것을 제안한다. 악에 대한 혐오, 동질적인 가치에 근거한 협동과 단결, 차이를 확대하기보다는 동질성을 강화하는 것 자체를 나쁘다고 할 수는 없다. 차이, 혐오, 동질성이 무엇인지 성찰하지 않는다면 우리는 너무나 쉽게 정반대의 결과로 달려갈 수 있다.

다양성은 보편성과 짝을 이루는 개념이다. 보편성을 공유하고 있기에 우리는 다양성을 인식할 뿐만 아니라 그 가치를 깨달을 수 있다. 일찍이 레비스트로스(Clause Lévi-Strauss)는 문화가 기여한 최고의 공헌은 각각의 문화가 발명한 탁월한 제도와 가치, 콘텐츠가 아니라 이웃하고 있는 문화와의 차이를 만들어낸 것이라고 했다. 이러한 차이와 다양성은 인류가 이제껏 생존할 수 있었던 비밀이었고, 앞으로 인류가 닥칠 어떤 위험에도 동원해낼 수 있는 가용한 자원이다. 인류는 보편적 가치 위에서 다양성을 추구해왔다. 다양성 존중은 차이에 대한 무조건적 인정과 존중이 아니라 차이를 이해하는 대화와 교류를 통해 보편성을 확장해나가는 과정이다.

『인디아더존스: 우리는 왜 차이를 차별하는가』는 차이를 이해하고 존중하기 위한 대화의 시작이다. 저자들이 제기하는 질문을 성찰하고, 어렵고 힘들지만 다양성 존중을 통해 인류의 보편성을 확장하는 첫걸음이 되기를 기원한다.

추천사

김원장

KBS보도본부 기자, 전 방콕특파원

2020년 12월, 태국 방콕 남서부 사뭇사콘의 한 어시장에 코로나가 번졌다. 미얀마에서 온 이주 노동자 500여 명이 확진 판정을 받았다. 거대한 철조망이 쳐지고 마을 주민 3,000여 명이 통째로 격리됐다. 취재 중에 만난 미얀마 청년은 병든 어머니만이라도 나갈 수 있게 해달라고 호소했다.

이후 태국에선 미얀마 이주자를 향한 혐오가 빠르게 번졌다. 미얀마인은 시내버스 탑승을 금지하거나 병원에서 받아주면 안 된다는 목소리가 커졌다. 태국에는 200만여 명의 미얀마 이주 노동자가 있다. 건설 현장도, 가사도우미도 궂은일은 대부분 미얀마인의 몫이다. 그런데 유독 미얀마인을 경시하고 차별한다.

미얀마인을 차별하는 태국인이 한국에서는 차별받는 위치에 놓인다. 태국인 불법체류자 14만여 명이 한국에 숨어 살며 돈을 번다. 이들 상당수가 마사지업계에서 일을 한다. 한국인은 툭하면 이들을 차별하고 혐오한다. 잠재적 범죄자로 인식한다. 그런데 이 마사지업소를 이용하는 소비자는 대부분 한국인이다.

차별과 혐오는 이렇게 뫼비우스의 띠처럼 순환된다. 코로나가 번지자 중국인은 우한 지역 주민을 혐오하고, 한국인은 중국인을 혐오하고, 미국인은 아시아인을 혐오했다. 유럽에선 "히틀러는 유대인이 아니라 중국인을 죽였어야 했다"라는 SNS가 번졌다. 혐오는 그렇게 바이러스처럼 우리에게 다가와 무한 반복된다.

이 책은 역사학자, 인구학자, 진화생물학자, 미디어학자, 종교학자, 심리학자의 눈으로 차별과 혐오가 우리에게 어떻게 다가와 자리 잡고 순환되는지 그 원인을 찾는다. 그리고 대안을 논의한다.

1. 차별은 지배의 역사다. 역사적으로 차별은 피지배자에 대한 지배자의 명분을 강화하는 도구로 문화와 관습을 통해 전해지고 강화됐다. '성안에 들어올 수 있는 사람'과 '들어올 수 없는 사람들……', '거룩하고 정결한 이들'과 '부정하고 불결한 이들'을 나누고, 그렇게 계급과 권위가 정해졌다. 그 계급과 권위를 통해 배제와 혐오의 질서가 정해진다. 그렇게 지배의 질서가 확립된다. 이 질서는 종교적 규율과 결합하면서 더욱 강해지고, 사회가 어지러울 때 더 확대된다.

2. 인간은 본능적으로 나와 다른 인간을 두려워하고 기피한다. 여기에 인종과 신분, 성별의 벽이 더해지면 사람이 사람을 이해하고 공감하는 직관과 가정은 더욱 무뎌지고 불신과 두려움은 더욱 커진다. 차별은 이렇게 자란다. 한민족처럼 수천 년 이어온 집단주의적 농경사회에서 밀접한 상호 의존 관계를 지닌 집단은 타인을 배제하는 것이 특히 익숙하다.

타인에 대한 이성적 추론과 합리적 사고가 꽉 막힌 사회에서 차별과 혐오는 제도처럼 자리를 잡는다. 상대를 타자화하고 나와 남을 이분화하면서 내 편은 강화되고 남의 편을 차별하고 탄압하고 죽이는 것이 정당화된다. 인류는 그렇게 아메리카대륙을 정복하고, 흑인 노예화를 정당화하고, 이민자를 차별해왔다.

내가 태어난 1971년 한국에서는 102만 명의 신생아가 태어났다. 지난해에는 모두 24만 명이 태어났다. 유례없이 빠르게 경제활동 인구가 줄어든다. 피부색이 다른 타민족의 유입은 현실이 됐다. 이제 이민족과 살아야 한다. 5,000년 단일민족이라는 한민족은 이 갑작스러운 타민족과의 융합을 어떻게 받아들여야 할까.

우리도 고국을 떠나 피부색이 다른 나라에서 달러를 벌어온 현대사가 있다. 1970년대에는 젊은이 7,900여 명이 독일 광산에서 탄가루를 마시며 외화를 벌어들였다. 그때 독일인이 우리를 반겨준 것처럼 우리도 지금 이방인을 반겨주고 있는가. 우리가 남을 평가할 때 드러나는 것은 우리의 인식과 자세다. 외국인 노동자를 대하는 우리 마음이 곧 우리의 인식과 자세다. 우리는 그들을 어떻게 대하고 있는가.

이 책 『인디아더존스: 우리는 왜 차이를 차별하는가』는 이주민은 '노동력'이 아니고 '사람'이라고 말한다. 이방인을 나와 다른 사람으로 배척하지 않고 '나'라는 세계를 확장하는 용기가 필요하다고 말한다. 그리고 인종차별은 사라지는 게 아니고 우리가 없애는 것이라고 말한다. 차별과 혐오가 답이 아니라고 말하는 것은 그런 이유에서다. 이 책이 전하는 메시지는 그래서 더 간결하다. '이제 함께 살 시간이다. 문을 열고 나가 그들을 맞이하자.'

추천사

박지선

숙명여자대학교 사회심리학과 교수

우리는 매일 '차이'를 직면한다. 일상에서 마주치는 사람들과 상호작용하는 가운데 생각의 차이, 행동의 차이를 매 순간 경험한다. 마치 공기 속에서 호흡하는 것처럼 우리는 '차이'에 둘러싸여 숨 쉬듯 편견을 보고 차별을 경험하는 것이다. 그리고 나와 다른 것(different)은 틀린 것(wrong)으로 간주해 혐오하며 적대시한다.

생존을 위해 '다양성'이 필수인 시대에, 우리는 어떻게 '차이'를 받아들이고 공존하며 나아가야 할까? 이 책 『인디아더존스: 우리는 왜 차이를 차별하는가』는 점점 더 활발해지는 인류의 이동이 '다양성'을 크게 확장하는 시대로 이끌어가고 있음을 깨닫게 해준다. 그리고 인종차별, 인구 절벽, 코로나19 팬데믹 같은 문제와 위기 상황 속에서 '다양성'이 얼마나 중요한지를 설득력 있게 보여준다. 앞으로 한국 사회를 이끌어갈 '잘파세대(Z세대와 α세대)'에게 다양성의 확산과 증대를 위한 인지적 공감이 왜 중요한지, 다양성을 저해하는 미디어 담론, 이주 노동자를 향한 혐오 범죄와 차별적 시선 등이 어떤 심각한 문제를 야기하는지 등 각 분야 전문가들의 '다양성'에 대한 날카로운 분석과 깊이 있는 통찰이 이 책 한 권에 모두 담겨 있다.

여기서는 먼저 인류를 인종으로 분류하고, 규정짓고, 위계를 부여하는 '인종 신화'의 역사를 살펴본다. 그러면서 최근 몇 년간 코로나19 팬데믹을 거치며 노골적으로 확산된 인종주의와 혐오를 통해 인종차별의 불합리성과 불공정성이 초래하는 폭력의 위험을 경고한다. 나아가 다문화 사회로 접어든 한국 사회에서 이주 노동자를 대하는 태도를 지적하고, 타자화와 비인간화를 지양하고 인종차별 문제를 공론화 할 것을 제기한다. 이로써 편견과 차별을 능동적으로 넘어서라고 촉구한다. 특히 이주와 이동이 더욱 빠르게 확산할 미래를 살아갈 잘파세대에게는 다양성을 수용하고 체득하는 일이 생존과 경쟁력 확보를 위한 필수 요소임을 각인시킨다. 또한 이 책은 소수 집단을 배제하거나 축소하는 미디어의 작동 방식이 어떻게 편견을 강화하고, 갈등을 부추기며, 차별을 정당화하는지 날카롭게 드러내며, 미디어 이용 시 편향적인 알고리즘이 초래하는 다양성의 위기도 경고한다.

'다양성'이라는 주제를 통합적으로 접근하고 날카롭게 분석한

『인디아더존스: 우리는 왜 차이를 차별하는가』는 글로벌 시대에서 생존의 필수 조건이 된 다양성을 추구하고 확장해나가는 데 있어 훌륭한 나침반이자 길잡이가 되어줄 것이다.

추천사

전후석
〈헤로니모〉, 〈초선〉 다큐멘터리 감독

2년 전쯤, 친한 지인이 소셜미디어에서 나를 지목하며 인종차별 반대 캠페인에 동참해달라고 부탁했다. '리브투게더#LiveTogether' 캠페인은 코로나 이후 전 세계적으로 증가하는 아시안 혐오 범죄에 대한 한국 정부의 공공 캠페인으로 국내 여러 정치인과 연예인은 물론 일반 대중까지 동참하며 잠시 붐을 일으켰다. 당시 미국에 거주하며 아시안 혐오 범죄의 심각성을 인지하고 있던 터라 지인의 요구에 흔쾌히 응했다. 그 후 나는 캠페인이 진행되는 인터넷 사이트에 콘텐츠를 포스팅했고, 국내 차별금지법 제정을 촉구하는 글도 덧붙였다. 그런데 캠페인을 관리하는 계정이 내 포스팅을 삭제했다.

포스팅이 왜 삭제되었을지 생각해보았다. 내가 혐오 범죄의 잠정적 피해자가 되는 것은 바로잡아야 할 심각한 문제다. 그런데 내가 다른 소수자들이 일상에서 차별당하는 일을 막고 법적 평등을 누릴 수 있도록 노력하는 일이 나와 직접적 연관은 없는, 나아가 논란을 불러일으킬 수 있는 행위가 될 수도 있다는 걸까? 더불어 '내가 피해자 그룹의 일원으로 많은 사람에 의해 '타자화' 될 때와 내가 가해자 그룹의 일원으로 남을 타자화할 수 있는 위치에 있을 때 리브투게더의 의미는 무엇이 다를까?', '아시안 혐오 범죄 반대 캠페인과 차별금지법 제정 모두 차별과 혐오 예방을 목표로 하는, 본질적으로 같은 운동이 아닐까?' 하는 의문을 품게 되었다.

코로나19 팬데믹 초기, 미국에서 '블랙 라이브스 매터(Black Lives Matter, 흑인의 생명도 소중하다)' 운동이 전국적으로 확산할 때 몇몇 아시아인은 이 운동에 참여하는 것을 하나의 선택 사항으로 여겼다. 미국의 뿌리 깊은 제도적 차별과 백인우월주의가 '우리'의 이슈가 아닌 '저들'의 이슈라고 여겼기 때문이다. 하지만 불과 몇 개월 지나지 않아 아시안 혐오 범죄가 기승을 부리자, 그들에게 '저들'의 이슈는 곧 '우리'의 이슈라는 사실이 분명해졌다. 이 모든 사건의 본질은 피해자의 정체성이 아닌 차별과 혐오 그 자체였다.

'내가 타자로 남을 것인가, 남을 타자로 만들 것인가?' 아니면 '용기 내어 저 프레임을 깨뜨리기 위해 노력할 것인가?' 이 책은 이 질문의 답을 구하려 한다. 그런데 그 답은 도덕주의적이지 않다. 오히려 비판적 성찰을 통해 함께 사유할 것을 제안한다. 역사학,

인구학, 진화학, 미디어학, 종교학, 심리학 등 여러 분야의 전문가들은 '다양성'이라는 화두가 한반도의 미래를 책임질 중요한 담론이 될 수밖에 없는 이유를 자신들의 사유 과정을 통해 정직하게 공유하며 설득력 있게 풀어낸다. 그러면서 그들은 이 책을 읽는 독자가 개입할 여지를 남긴다.

평소 재외교포의 '디아스포라적 관점'에서 다큐멘터리를 제작하는 내게 이 책이 중요하게 다가오는 이유다. 자기 조국을 떠나 사는 모든 디아스포라가 인종적 소수자로, 이민자로, 이방인으로 타자화하는 경험을 통해 다른 '타자화'에 민감하게 반응할 수 있는 것처럼, 어쩌면 내가 타자가 되는 경험은 역설적으로 지구 위의 다양한 사람들과 공존을 모색할 수 있는 하나의 구원적 계기가 될 수도 있다고 믿는다.

치열한 경쟁 체제와 물질주의적 성공은 이제 과거의 시대정신이 되었다. 『인디아더존스: 우리는 왜 차이를 차별하는가』는 암시한다. 타인을 향한 환대야말로 우리 모두의 생존을 위한 유일한 길일 수도 있음을.

우리가 살아가는 세계는 끊임없는 움직임의 연속이다. 태양이 매일 동쪽에서 떠올라 서쪽으로 지는 것처럼, 인류는 끊임없이 이주와 정착을 반복하며 생존의 길을 개척했다. 이러한 '이동'은 역사에 깊은 흔적을 남기며 인류의 삶과 문화를 형성해 왔다.

'이주(移住)'는 생존, 기회, 꿈을 추구하는 과정에서 발생하는 움직임이다. 경제적 기회를 찾아 나서고, 더 나은 삶을 위해 모험을 감행하고, 위기와 억압으로부터 벗어나 자유를 찾아 떠나는 등 다양한 동기가 있다. 반면 '이산(離散)'은 선택이 아닌 필연에 의해 발생하는 경우가 많다. 규모 또한 개인을 넘어 공동체 단위 움직임을 유발한다. 전쟁, 재난, 정치적 분쟁으로 집단이나 민족이 대대로 살아온 터전을 떠나 새로운 곳에 뿌리를 내리는 '디아스포라(Diaspora)'적인 의미를 담고 있다. 이주와 이산의 주제는 단순히 물리적인 움직임만을 의미하지 않는다. 그것은 인간의 정체성, 소속감, 삶의 방향성, 해소되지 않는 그리움 등이 얽힌 내적인 여정이기도 하다.

아프리카대륙에서 출현해 전 세계 모든 대륙 구석구석까지 이동한 인류는 피부색과 특징에 따라 여러 인종으로 구분되지만 역사가 그리 길지 않은, 부실한 개념일 뿐이다. 국적이나 체류 비자와 같은 개념은 더더욱 말할 것도 없다. 우리는 모두 호모 사피엔스 단일종이다.

호모 사피엔스의 다른 이름인 호모 미그란스(Homo Migrans)가 내포하는 것처럼 '이주'는 인간의 본질적인 특성에 가깝다. 특히 인터넷으로 문화적 장벽이 거의 허물어진 현대 사회를 사는 개인에게 이주는 그 어느 때보다도 쉽고 자유로운 선택지가 되고 있다. 그런데 세계를 한류 문화로 물들이고 걸출한 글로벌 인재들을 배출해내는 선진 국가인 한국에서, 다양성에 대한 인식은 크게 달라지고 있는 것 같지 않다. 이대로 가면 가파른 인구 감소로 100년 안에 초미니 국가가 되어 소멸 위기를 맞을 수 있다고 우려의 소리가 높아지는 나라임에도 말이다.

어린 시절부터 우리 집에는 가족과도 같았던 도우미 이모님이 계셨다. 나와 내 남동생은 그녀를 할머니라 불렀다. 입담이 좋았던 할머니는 나에게 항상 옛날이야기를 두런두런 해주셨다. 그게 할머니의 어린 시절 진짜 이야기였다는 것을 깨달은 건 좀 더 나이가 들고 나서였다. 난 "이 다음에 크면 할머니 이야기로 대하 드라마를 쓰겠다"라고 새끼 손가락을 걸고 다짐하곤 했다.

그녀의 원래 이름은 '순화'다. 본래 함경도 원산에 쌀 무역을 크게 하던 부유한 집에서 위로 오빠 넷, 아래로 남동생 넷, 8남 1녀 중 고명딸로 태어나 귀여움을 듬뿍 받고 자랐지만, 한국 전쟁 발발 무렵 그녀의 삶은 큰 소용돌이에 삼켜졌다. 아버지와 오빠들을 포함한 집안 남자 어른들이 모조리 끌려가 하루아침에 몰살당한 것이다. 그녀가 홀로 피난민 행렬에 끼어 남쪽으로 길을 떠났을 때 그녀는 갓 열다섯 소녀였다. 고생이 뭔지 모르고 자랐던 순화는 피난지에 도착하자마자 '식모'라는 이름을 갖게 되었다. 그녀는 재워주고 먹여주기만 하면 닥치는 대로 일을 했다. 전쟁이 끝나고 나라는 부강해져 갔지만 순화는 한평생을 식당, 여관, 군부대, 목욕탕, 가정집 등을 전전하며 갖은 학대를 감내하고 살았다. 한때 결혼을 해서 가정도 꾸렸지만 고생만 하다 다시 혼자가 되었고 돌아갈 고향도 없었다.

순화 할머니는 우리 집에 오신 후 20년 넘게 우리와 같이 살았다. 내가 엄마한테 꾸중 들을 일이 있으면 할머니가 대신 막아주기도 했고, 때로는 할머니가 빗자루를 들고 나를 혼내러 쫓아오기도 했다. 우린 추억을 켜켜이 쌓으며 진짜 가족이 되어갔다. 여행도 같이 다녔고 그녀의 환갑도, 칠순도 함께 축하했다. 그녀가 파킨슨병을 얻어 손발을 심하게 떨기 시작해 일을 계속할 수 없어진 후에도 몇 해 동안 같이 살았는데 안타깝게도 그녀의 병세는 점차 악화되어 암 투병을 하고 치매까지 생겼다. 결국 아무도 알아보지 못하게 된 순화 할머니를 요양병원에 모셔야만 하는 상황이 되었다. 그녀에게 가족은 우리밖에 없었다. 나는 그녀가 숨을 거둘 때까지 보살폈다. 해외에 사는 먼 친척보다도 늘 함께해온 그녀는 내게 있어 가장 가까운 친구이자 정말로 사랑하는 가족이었기 때문이다. 서로가 눈을 마주 보며 마음을 나눴던 매 순간, 우리 사이엔 다르다는 인식과 편견이 끼어들 틈이 없었다.

할머니는 정정했던 시절에도 통일이 되면 제일 먼저 고향에 갈 거라는 말을 입버릇처럼 많이 하셨는데, 마지막 숨을 거두기 직전까지도 고향에 가겠다는 말만 되뇌는 걸 보고 내 마음은 무너졌다. 고향에서 살았던 14년과 비교도 안 되는 긴 세월을 한국에서 살았는데 왜 마지막까지 '객(客)'의 정서를 안고 살아야 했을까. 왜 할머니에게 한국은 마지막까지도 서글픈 타향일 수밖에 없었을까. 아마도 가족과의 헤어짐이 남긴 트라우마, 그리고 홀로 타지에 와서 받았던 차별과 냉대, 수십 년이 지나도 떼어지지 않는 꼬리표가 그녀를 정서적 난민으로 만들었을 것이다.

할머니가 겪어왔을 응축된 설움은 내 마음에 고여버렸다. 할머니가 떠난 후에도 수많은 '순화'들을 보게 되었다. 타 지역에서 온 이들에 대한 날 선 시선과 각자의 고유한 개별성과 사연을 무시하고 집단화, 탈인격화해버리는 혐오의 말들을 들으면 남의 일처럼 느껴지지 않았다.

한 사회가 다양성을 받아들이는 속도는 역사·문화적 배경, 인구 구성 등에 기반한다. 태생적으로 다양한 이민족으로 구성된 미국과 같은 국가는 여러 인종, 문화, 종교의 사람들이 공존하기에 다양성을 존중하고 인정하는 것이 중요한 가치가 된다. 오랜 세월 갈등을 봉합하는 과정에서 불협화음보다 통합과 공존이 주는 혜택을 깨우쳤다. 자연스레 다양성 교육이 중요한 위치를 차지하게 되었고, 초, 중, 고, 대학은 물론 기업에서조차 교육 프로그램을 제공하며 다양성을 수용하기 위한 노력을 기울인다.

반면, 상대적으로 동질적인 인구 구성을 갖는 한국 사회는 높은 폐쇄성을 보여준다. 타 지역에서 온 사람을 비하하는 말을 정말 쉽게 하고, 온라인상에서는 차마 입에 담을 수 없는 혐오 발언을 거리낌 없이 내뱉는다. 영화나 뉴스 등 미디어에서조차 이주민과 특정 소수 집단을 단편적 이미지로 일반화하고 반복해 소비하며 이에 대한 문제 의식도 그다지 높지 않다.

하지만 이제 '동질한 인구 구성'이라는 변명도 통하지 않는 시대가 됐다. 한국은 이미 상당한 글로벌 사회에 들어섰다. 2023년 9월 기준 등록된 국내 체류 외국인은 약 250만 명으로, 전문가들은 2024년 무렵 이들이 우리나라 전체 인구의 5퍼센트를 넘어설 것으로 내다본다. 경제협력개발기구(OECD) 및 인구·통계학적 기준으로 외국인이 전체 인구의 5퍼센트를 넘으면 다인종·다문화 국가로 분류된다. 국내 19세 이하 인구 100명 중 3명은 다문화 가정에서 태어났다. 어디 그뿐인가. 해외에 살고 있는 재외동포는 700만 명이 훌쩍 넘는다. 전체 국민의 무려 14퍼센트에 해당하는 인구가 해외 180여 개국에 흩어져 살고 있는 한국은 이주 국가다. 수많은 '우리' 역시 지구촌 어딘가에서 '순화'가 되어 편견 섞인 시선을 받아내며 살고 있을지 모르는 일이다.

이것이 공감인재 양성에 주력하고 있는 티앤씨재단이 다양성이라는 주제에 몰두하는 이유다. 이 책 『인디아더존스: 우리는 왜 차이를 차별하는가』는 티앤씨재단에서 만든 아포브(APoV, Another Point of View) 컨퍼런스를 옮긴 책이다. 이번에는 '다양성'이 우리 사회에 왜 필요한가를 주제로 여러 다양한 분야 석학들의 고찰을 담았다.

티앤씨재단에서는 장학생들에게 '리얼라이브즈(Real Lives)'라는 시뮬레이션 게임으로 다른 사람의 삶을 경험해보는 공감 교육을 하고 있다. 태어날 지역과 간단한 조건 몇 가지를 결정하고 그 사람의 삶을 살아보는 가상현실 게임이다. 게임이 시작되면, 그 지역이 처한 실제 사회 문제에 따라 통계적으로 삶의 조건들이 주어지고 수많은 선택의 기로에 서게 된다. 장학생들은 단지 그곳에서 태어났기 때문에 겪어야 하는 악조건을 벗어나기 위해 저마다 노력하고 몸부림을 쳐본다. 비록 가상현실이지만 이 게임을 해본 친구들은 대부분 상당한 충격을 받는다. (어떤 게임은 다 하는데 몇 시간이 걸리기도 하고, 어떤 게임은 시작한 지 몇 분 만에 기아나 질병으로 갑자기 죽기도 하지만 공감의 경험이 주는 충격은 게임의 길이와 상관없이 강렬하다.) 게임이 끝나면 학생들은 이 가상현실 속의 주인공이었던 자기 자신에게 편지를 쓰는데, 그때 많은 친구들이 눈물을 흘린다. 이 체험은 다양한 지역에 처해 있는 실제 문제를 알게 하고, 고통받는 타인을 공감해보는 과정에서 그 문제를 나의 문제로 여기게 만드는 힘이 있다. 장학생들이 이러한 일련의 공감 과정을 경험하고 나서 보여주는 변화는 정말 놀라웠다.

'어떻게 하면 이러한 공감을 대중적으로 확산할 수 있을까'를 고민하다가 제주 포도뮤지엄에 〈그러나 우리가 사랑으로〉라는 전시를 기획했다. '디아스포라와 세상의 모든 소외'라는 다소 서정적인 설명을 붙였지만 다루고 싶었던 핵심 주제는 '제노포비아'였다. (Xenophobia: '이방인'이나 '외국인'에 대한 무지와 불안, 사전 판단으로 인해 발생하는 극도의 두려움이나 혐오 감정)

예멘 난민 이슈로 민감했던 제주도에서 보여주기에 너무 과감한 시도일 수도 있었다. 특히 전시가 단순히 난민이나 이주민들에 대한 이야기가 되어버리거나, 공감을 강요하는 계몽적인 전시처럼 비춰질까봐 오랜 시간을 들여 생각했다. 이것이 타인의 이야기가 아니라 우리 모두에 관한 이야기라는 것을 전하고 싶었다. 국적, 인종, 이주 자격, 체류 신분 등 서로를 구분 짓고 경계 짓는 수많은 기준이 있지만, 그러한 모든 귀속의 수단들 이전에 우리는 모두 하나로 연결된 돌 위에 살고 있는 동일한 생명체라는 사실을 기억하자고, 예술가들의 시선을 통해 이야기하고 싶었다.

예술의 힘은 강력하다. 관객은 단번에 직관적으로 호응하고 공감한다. 우리는 전시에 이어 다양한 분야 석학들을 모시고 〈인디아더존스(In the other Zones) – 우리는 왜 차이를 차별하는가〉라는 제목의 콘퍼런스를 개최했다. 사회학, 인구학, 미디어학, 종교학, 진화생물학, 범죄심리학 등 다양한 분야 전문가들을 통해 보다 근원적인 질문을 던지고, 현실을 분석하고, 해답을 모색하려는 시도다.

제목 〈인디아더존스〉는 영화 〈인디아나존스〉를 패러디해 중의적인 의미를 담았다. '다른 곳(Zones)에서'라는 뜻도 되지만, 있어야 할 공간이 아닌 다른 공간에 뚝 떨어진 존스(Jones) 씨를 상상했다. 늘 쾌활했던 나의 할머니 '순화'를 떠올리며 '디아스포라'라는 단어가 품고 있는 쓸쓸함과 한의 정서보다는, 더 나은 삶을 개척하기 위해 떠날 수 있는 용기와 도전을 강조하고 싶었다. 책의 겉표지에는 철조망 위에 앵무새 한 마리가 앉아 먼바다를 바라보고 있다. 주로 우림에서 서식하는 앵무새는 해안가에서는 흔히 볼 수 없고, 철조망은 자유롭게 오고 갈 수 없게 하는 경계의 상징이다. 하늘을 가득 메운 세계지도는 위압적이지만 언제든 흩어질 수 있는 구름이다.

 준비 과정부터 많은 시간을 할애해주시고 큰 가르침을 주신 여섯 분의 교수님들께 이 지면을 빌려 진심으로 감사의 말씀을 전하고 싶다. 이 책이 너무나 소중한 것은 교수님들께서 어떤 합의된 결론을 도출해놓고 강연을 하신 게 아니라 여섯 분이 학자로서 평생 동안 해오신 연구와 지식, 신념을 총망라해서 각기 다른 관점을 가지고 '다양성'이라는 주제에 가까이 다가서는 과정을 만들어내셨기 때문이다. 처음에 단순한 열정만 가지고 기획안을 쓰고 준비를 시작할 때보다 훨씬 더 복잡해지고 깊어진 생각들을 갖게 해주신 교수님들께 감사하고 이 가슴 벅찬 여정에 함께할 수 있어서 너무나 영광스럽다. 이 책이 여러분께도 단 하나뿐인 우리의 지구 위에서 다 함께 살아갈 세상을 탐구하며 움직이는 작은 나침반이 되기를 기대한다.

"인간, 그리고 인간의 삶은 끊임없이 움직이는 성좌와 같다.
우리가 사는 장소, 우리가 지닌 이름은 잊혀도 무방한,
아무 의미 없는 귀속의 수단일 뿐이다."

— 올가 토카르추크 (Olga Tokarczuk)

티앤씨재단 대표 김희영 드림

차례

Lecture 01 ————————————————

인종, 그리고 인종차별   / 염운옥

Lecture 02 ————————————————

다양성의 시대에 어떻게 살아남을까   / 조영태

{ lecture
01 }

인종,
그리고
인종차별

염운옥

경희대학교 글로컬역사문화연구소 학술연구교수

'인종', 쉽고도 어려운 이야기

인종차별은 왜 사라지지 않을까? 인종 문제는 쉽고도 어려운 주
제다. 전 세계적으로 만연한 인종 혐오와 인종차별은 인류의 다양
성과 공존 가능성을 해치는 고질적인 악습이다.

인종 문제가 쉽다고 말하면 반론이 제기될 것이다. 당연하다. 인
종 문제가 쉽다는 말의 진의는 단순한 사실에서 출발한다. 인간이
모두 단일종 호모 사피엔스에 속한다는 사실은 자명하다. 다시 말
해, 인류는 인종에 상관없이 모두 호모 사피엔스에 속하는 까닭에
인류를 인종으로 나누는 것, 더구나 인종 분류에 따라 우열을 매기
고 차별하는 것은 명백한 잘못이다.

인종은 과학적으로 의미 있는 개념이 아니다. 생물학적 인종 개
념을 금과옥조처럼 여기는 것은 마치 '지구가 평평하다'라고 믿는
것만큼이나 불합리하고 시대착오적이다. 그런 까닭에 1950~1951
년 유네스코도 "호모 사피엔스는 단일종이며 모든 인종은 평등하
다"라고 선언했다.

안젤리카 다스 〈인간(Humanae)〉 프로젝트

Humanae. Work in progress by Angélica Dass.

피부색 차이는 스펙트럼으로서만 존재할 뿐 검은색, 흰색, 노란색의 구분 선이 존재하는 것이 아니다. 브라질 사진작가 안젤리카 다스(Angélica Dass)는 사람들의 다양한 피부색에 각기 다른 팬톤 컬러(Panton color)의 번호를 부여했다. 그녀는 이 작업을 통해 "다양한 피부색이 얼마나 다채로운 아름다움을 지니고 있는지 긍정하자!"라는 메시지를 전하고 있다.

호모 사피엔스는 '호모 미그란스'이면서 '호모 하브리두스'

호모 사피엔스는 '호모 미그란스(Homo Migrans)'이면서 동시에 '호모 하브리두스(Homo Habridus)'다. 호모 미그란스는 '이동(이주)하는 인간'이라는 뜻이고, 호모 하브리두스는 '잡종 인간'이라는 의미다. 인류는 아프리카대륙에서 탄생했다. 인류는 아프리카에서 출발해 이동과 정착을 반복하며 여러 대륙으로 이주해 갔다. 최근에는 인류가 오스트레일리아와 유럽에서도 기원했다는 주장을 담은 '다지역 기원설'이 아프리카 기원설에 도전장을 내밀고 있기는 하다.

아프리카 기원설이든 다지역 기원설이든 공통된 주장은 인간이 지닌 놀라운 두 가지 속성, '이동성'과 '혼종성'이다. 이런 맥락에서 호모 사피엔스를 '호모 미그란스'이면서 동시에 '호모 하브리두스'

라고 불러도 좋을 것이다.

　최근 미국에서는 '조상 찾기 유전자 검사'라는 것이 유행하고 있다. 이는 발달한 유전자 검사 기술을 활용한 비즈니스의 일종인데, 검사를 의뢰하는 사람들은 예외 없이 자신이 순수한 '인종'일 것으로 굳게 믿고 있다고 한다. 하지만 막상 검사를 해보면 '아일랜드계, 라틴계, 심지어 아프리카계 인디언의 피가 뒤섞인 혼혈'이라는 결과가 나와 무척 당황스러워하는 경우를 심심치 않게 목격한다고 한다.

　인류의 오랜 과거를 연구하는 고인류학은 인간의 화석에서 나온 뼈, 치아 등의 DNA를 분석하여 잦은 이동과 혼혈로 인류가 얼마나 복잡하게 섞여 있는지를 증명해 보여준다. 고인류학 연구자와 유전학자의 연구 결과에 따르면 호모 사피엔스, 즉 현생 인류는 15만 년에서 20만 년 전 출현했다는 것이 정설이다. 이후 5만~6만 년 전쯤 현생 인류는 공존하던 네안데르탈인이나 데니소바인과 광범위한 혼혈을 겪게 되었다.

　혼혈은 호모 사피엔스를 비롯한 네안데르탈인, 데니소바인 등의 고인류에게만 국한된 현상이 아니었다. 근대 이후 인류의 이동성이 증가하면서 섞임 현상은 더욱 증대되었다. 유럽인과 아메리카 원주민 사이의 혼혈인 '메스티소(Mestizo)'는 아메리카대륙 인구의 특성을 이루었다. 또한 유럽인은 대서양 노예무역을 통해 아프리카인을 노예로 매매했다. 대서양 노예제는 아프리카인을 아메리카로 강제 이주시킨 계기였다.

인종 신화는 어떻게 생겨났을까?

인종이라는 개념은 인류가 인간의 다양성을 탐구하고 이해하는 과정에서 나온 부산물이다. 이러한 개념이 본격화한 것은 근대 유럽 국가가 먼바다와 다른 대륙으로 진출하기 시작한 15세기 말 이후 신항로 개척 시대부터로 볼 수 있다. 유럽인은 먼 항해 끝에 아메리카와 아프리카, 그리고 아시아에서 만난, 자신과 너무도 다르게 생긴 사람들을 '타자화'하고 그들을 자신과 전혀 다른 사람, 다른 인종으로 규정하고 전형적인 이미지를 부여했다. 이렇듯 인종과 인종주의는 유럽인이 신항로 개척을 명목으로 다른 대륙에 진출하고, 탐험하고, 침략하고, 약탈하는 과정에 만들어진 근대의 발명품인 셈이다.

처음 유럽이 아메리카를 만나는 순간을 절묘하게 표현한 미술 작품이 있다. 16세기 플랑드르인이 제작한 〈아메리카(America)〉라는 제목의 판화가 그것이다. 이 판화에는 당대 유럽인이 아메리카 대륙과 그곳의 원주민을 어떤 시각으로 바라보고 어떤 태도로 그들을 대했는지 적나라하게 드러난다. 화면 왼쪽에는 문명을 상징하는 남성이 의복을 입고 천문관측기 아스트롤라베를 들고 서 있다. 화면 오른쪽에는 벌거벗은 여성이 자연과 하나 된 채 해먹에 누워 있다. 이 그림으로 알 수 있듯, 당시 유럽인의 의식 속에 자리 잡고 있는 문명과 야만의 이분법은 남성과 여성의 이분법과 절묘하게 겹쳐졌다.

요하네스 스트라다누스 〈아메리카〉
1590~1593년 무렵, 판화, 20×26.9cm, 워싱턴 국립미술관 소장

인간을 인종의 잣대로 구분하는 유럽인의 시도는 16세기에 인류 역사상 처음으로 등장한다. 그리고 우리에게 익숙한 분류, 즉 인류를 피부색으로 구분하는 최초의 시도는 18세기 스웨덴 생물학자 칼 폰 린네(Carl von Linné)에 의해서 이루어졌다. 린네는 인류에게 '호모 사피엔스'라는 이름을 부여하고 분류학을 정립한 인물로 유명하다.

여기서 꼭 짚고 넘어가야 할 중요한 문제가 있다. 그것은 학자들의 순수한 분류가 분류로 끝나지 않는다는 점이다. 차이(difference) 그 자체가 문제는 아니다. 다만 그 차이에 인간이 의도적으로 위계(hierachy)를 부여하는 것이 문제다. 인간이 자연과 사회에 태생적으로 존재하는 차이에 의도적으로 위계를 부여하는 순간 차이가 차별을 낳고, 불공정과 불합리함이 발생하고, 폭력과 학대로 이어질 위험성이 생겨난다. 위계는 우와 열을 정하고 그에 따라 줄 세우기를 하는 것이다. "인간은 모두 서로 다르고 다양합니다. 차이가 있습니다"라고 말하는 것으로 충분하지 않은 이유가 여기에 있다. "서로 다르고 제각각 차이가 있기 때문에 다르게 대할 수밖에 없고, 다르게 대우하는 것이 당연하지 않은가?"라는 억지 논리이자 궤변으로 귀결될 위험성이 크기 때문이다.

다른 나라를 침략하고 식민 지배한 제국주의 시대 유럽인이 자신들의 행위를 정당화하기 위해 만든 '차별이 곧 평등'이라는 논리가 있다. 이는 '문명이 발달한 유럽인과 문명이 발달하지 않은 비유럽인, 즉 아시아인, 아프리카인을 어떻게 유럽인과 동등하게 대하느냐, 다른 것을 다르게 대하는 것이 뭐가 나쁘냐'라는 논리다. 우리가 '차이'를 보는 동시에 차이 뒤에 숨어 있는 위계, 즉 '줄 세우기'를 날카롭게 간파하고 냉철히 비판해야 하는 것은 이런 이유 때문이다.

이제 차이를 발견하는 일에서 출발하여 위계를 낳는 '인종 개념'이라는 신화가 어떻게 만들어지고, 전개되고, 발전해왔는지 살펴보자. 생물학자 린네는 백인을 다른 모든 인종보다 우위에 두는 분류학을 창시했다. 사실 그는 지금까지도 우리에게 친숙한 생물 분류의 이명법, 즉 속명과 종명으로 모든 식물과 동물, 인간의 분류를 시도한 학자다.

앞서 언급한 대로, 칼 폰 린네는 인류를 '호모 사피엔스'로 명명한 다음 호모 사피엔스를 피부색을 기준으로 다시 하위분류한다. 그런 다음 그는 대륙 명을 그 대륙에 사는 대다수 사람의 피부색과 연결한다. 이를테면 '유럽인-흰색', '아메리카인-붉은색', '아시아인-갈색', '아프리카인-검은색' 식이다. 이로써 지금까지도 전 세계 대중에게 상식처럼 받아들여지고 있는 피부색에 따른 인종 개념이 형성되었다.

물론 린네는 인종이라는 개념을 사용하지 않았으며, 인종의 우열을 가리고 인종주의를 만들기 위해 의도적으로 이런 방식의 분류를 한 것도 아니었다. 하지만 린네의 인종 개념은 린네 분류학의 권위에 힘입어 학계뿐 아니라 대중에게도 폭넓게 받아들여지고 구석구석 스며들게 된다.

1 칼 폰 린네(Carl von Linné, 1707~1778)
2 요한 프리드리히 블루멘바흐(Johann Friedrich Blumenbach, 1752~1840)

1 2

1 요한 요아힘 빙켈만(Johan Joachim Winckelmann, 1717~1768)

2 매디슨 그랜트(Madison Grant, 1865~1937)

그다음으로 짚고 넘어가야 할 인물로 독일 분류학자이자 해부학자인 요한 프리드리히 블루멘바흐(Johann Friedrich Blumenbach)를 꼽을 수 있다. 그는 인종을 다섯으로 구분한다. 코카서스인, 몽골인, 에티오피아인, 아메리카인, 말레이인이 그것이다. 그는 인종을 이렇게 분류한 다음 이 중 코카서스인이 가장 우수하고 창조적이며 아름다운 인종이라고 주장한다. '백인'을 지칭하는 용어로 '코카시안(Caucasian)'이라는 영어 단어가 있는데, 이는 블루멘바흐의 인종 분류에서 비롯된 어휘다.

다음으로 살펴볼 인물은 18세기 말 독일 미학자 요한 요아힘 빙켈만(Johan Joachim Winckelmann)이다. 그는 '백인의 신체가 얼마나 아름다운가?', '다른 인종의 신체에 비해서 백인의 신체는 얼마나 우수한가?'를 미학적인 관점으로 설명하는 기준을 만듦으로써 백인 우월주의의 토대를 쌓은 장본인으로 평가받는다.

그다음으로, 조금 더 시간이 지나 현대에 등장한 미국의 체질인류학자이자 우생학자인 매디슨 그랜트(Madison Grant)를 살펴볼 필요가 있다. 그는 노골적인 인종주의자로, 미국 사회가 유색인종의 이민을 제한할 것과 유색인종과의 결혼을 금지할 것, 그리고 우생학적인 이유로 특정 인종의 인위적인 단종까지 결행해야 한다고 주장한 극단주의자다. 그는 1916년 『위대한 인종의 소멸(The Passing of the Great Race)』이라는 책을 출간했는데, 훗날 아돌프 히틀러(Adolf Hitler)가 "이 책이야말로 나에게는 성경과 같은 책이다"라고 찬양했을 정도로 백인우월주의를 노골적으로 담고 있다.

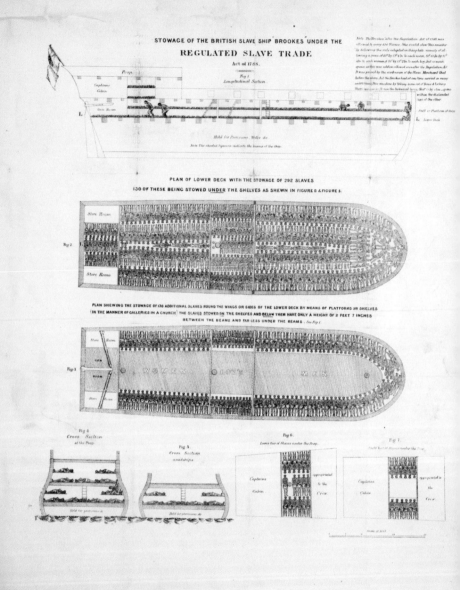

영국 노예선 브룩스호의 노예 454명 수용 설계도
실제로 이 배는 노예 609명을 싣고 대서양을 건넜다.

그랜트는 인종의 기본 집단을 셋으로 나눈다. 코카서스인, 몽골인, 니그로가 그것이다. 여기서 특히 '니그로'는 노골적인 멸칭으로, 요즘에는 사용하지 않는 용어다. 그는 코카서스인을 다시 셋으로 하위분류한다. 노르딕인종, 알프스인종, 지중해인종이 그것이다. 그러면서 그는 알프스인종인 동유럽인과 지중해인종인 이탈리아인의 이민을 막아야 한다고 주장한다.

백인우월주의와 인종주의의 가장 큰 피해자는 흑인이다. 그렇다면 고질적이고 악명 높은 흑인 차별의 뿌리는 어디일까? 이 뿌리를 찾아내고 더듬어보려면 대서양 노예제 시대로 거슬러 올라가야 한다. 대서양 노예제는 16~19세기에 진행된 역사상 최초의 국제 비즈니스라고 할 수 있다. 당시 아프리카인 1,200만 명이 노예 신세가 되어 강제로 아메리카로 이주당했다. 유럽인에 의해 엄청난 규모의 '아프리카 디아스포라'가 발생한 것이다. 당시 노예선 '브룩스호'의 참상, 그 배의 밑바닥에 마치 통조림 속 생선처럼 아무렇게나 실린 채 바다를 건너는 흑인 노예의 모습은 말로 표현하기 어려울 만큼 비참하고 비인간적인 모습을 드러내 보여준다. 이 야만적인 노예제를 통해 '검은 피부'는 노예이고, '노예는 곧 열등하다'라는 스테레오 타입이 생성되고 확산되었다.

인종 신화가 인간 전시와 결합한 악명 높은 사례가 여기 있다. 1906년 미국 뉴욕주 브롱크스 동물원에 한 콩고인 남성이 전시되었다. 그의 이름은 오타 벵가(Ota Benga)였는데, 1904년 루이지애나에서 열린 인간박람회, 만국박람회에 전시된 이후 뉴욕의 한 동물

1906년 미국 뉴욕주 브롱크스 동물원에 원숭이와 함께 전시된 콩고인 오타 벵가

원에서 원숭이와 함께 전시된 것이다. 오타 벵가 전시에 관여한 학자가 바로 앞서 언급한 우생학자 매디슨 그랜트였다. 뉴욕주 브롱크스 동물원은 오타 벵가 전시가 얼마나 불의하고 야만적인 일인가를 고백하며 사과했다. 그 전시가 있고 114년이 지난 2020년의 일이다.

인종의 허구성

'인종 분류'라는 것이 얼마나 허구적이고 악의적인지를 보여주는 두 가지 사례가 있다. 첫째, '과연 누가 흑인인가?'라는 질문을 던져보자. 이렇게 질문하면 '누가 흑인인지 자명하지 않나요?'라고 반문할 사람이 있겠지만 그렇지 않다. 미국 전 대통령 버락 오바마(Barack Obama)를 예로 들어 생각해보자. 우리는 그를 '미국 역사상 최초의 흑인 대통령'으로 부르는 데 주저함이 없지만 사실 그의 어머니는 백인이고 아버지는 흑인이다. 그렇다면 그를 '흑인'으로 규정하는 것이 과연 합당한가? 그를 '최초의 흑인 대통령'으로 부르는 것은 절반만 맞는 것이 아닐까?

그러나 그 누구도 오바마를 흑인 대통령이 아니라고 생각하지 않는다. 왜 그럴까? 이는 미국에서 노예제 시절 생겨난 '한 방울 법칙(One-drop Rule)'이라는 이름의 관습적 인종 분류법이 오늘날에도 여전히 통용되고 있기 때문이다. 이 '한 방울 법칙'에 따르면 흑인의 피가 32분의 1만 섞여 있어도 칼같이 흑인으로 분류한다는 것이다. 그렇다면 이런 불합리한 법은 왜 생겨났을까? 이는 두말할 필요도 없이 백인이 흑인 노예를 영원히 노예로 묶어두고 지배하기 위해서였다.

미국 화가 아치볼드 모틀리(Archibald Motley)가 1925년에 그린 〈악터룬 소녀(Octoroon Girl)〉를 보자. 제목의 의미 그대로, 흑인의 피가 8분의 1 섞인 소녀의 초상화다. 그러나 외양만 보면 소녀는 흑인으로 보이지 않는다. 이런 사람들은 백인 전용 시설을 이용하고 백인 행세를 하는 이른바 '패싱(passing)'이 가능했다. 물론 8분의 1 '흑인' 피가 섞였다는 사실이 밝혀지면 '한 방울 법칙'에 따라 흑인으로 분류되었다.

둘째, '과연 누가 유대인인가?'라는 질문이다. 헤시 레빈슨 태프트(Hessy Levinson Teft)라는 이름의 유대인 여성의 사례를 살펴보자. 어린 시절 그녀는 '예쁜 아리아인 아기 선발대회'에 출전하여 1등을 했다. 태프트의 아기 시절 사진을 찍은 사진사가 예쁜 아리아인 아기 선발대회에 그녀의 사진을 출품했고, 그 사진은 1935년 나치 선전 잡지 《집안의 햇살(Sonne ins Haus)》의 표지를 장식했다. 그러나 사실 헤시 레빈슨 테프트는 아리아인이 아닌 유대인이었다. 이는 독일의 독재자 히틀러와 나치가 그토록 자랑스러워하는 아리아인이 신체적으로 유대인과 별 차이가 없기 때문에 벌어진 해프닝이었다. 즉, 신체의 외양만으로 아리아인과 아시케나지 유대인을 구분하기 어렵다는 의미다.

아치볼드 모틀리 〈악터룬 소녀〉

1925년, 캔버스에 유채, 96,5×76,8cm, 마이클 로즌펠드 갤러리 소장

Archibald J. Motley, Jr.(1891 –1981), The Octoroon Girl, 1925, oil on canvas, 38×30 1/4inches

/ 96,5×76,8cm, signed; Courtesy of Michael Rosenfeld Gallery LLC, New York, NY

'예쁜 아리아인 아기 선발대회'에서 1등을 차지한 유대인 헤시 레빈슨 태프트

(출처: "Nazi 'perfect Aryan' poster child was Jewish", 《The Telegraph》, 2014. 7. 1.)

그러나 여전한 인종주의

오늘날에도 맹위를 떨치는 인종주의의 문제점을 짚어보자. 현대에 들어서면서 '호모 사피엔스는 모두 같은 종이며, 같은 인종 안에서 모든 인간은 평등하다'라는 관념이 자리를 잡아갔다. 사실 여기에는 유네스코 선언이 커다란 기폭제가 되었다. 이런 흐름 속에서 많은 이들이 전 세계적으로 인종이라는 개념 대신 '모든 인간은 평등하며 우리에게 다른 것이란 문화뿐이다'라는 기치 아래 문화라는 잣대로 인간의 서로 다름을 설명하기 시작했다.

그러나 최근 미국에서 일어난 'Black Lives Matter(BLM)'를 통해 확인되듯 여전히 생물학적 인종주의는 살아 있다. '흑인의 생명도 소중하다'라는 BLM 운동은 미국이라는 나라 안에 구조적인 인종주의, 제도적 인종주의가 얼마나 뿌리 깊이 박혀 있는지 드러내 보여주었다. 여전히 미국에서는 매년 경찰의 폭력으로 사망하는 흑인이 수십 명에 이를 정도로 심각한 사회 문제가 되고 있다.

2020년 조지 플로이드(George Floyd)는 8분 46초 동안 목이 짓눌리는 심각한 물리적 폭력을 당하며 사망에 이르기까지 "숨을 쉴 수 없다"라고 여러 번 외쳤다고 한다. '숨을 쉴 수 없다'라는 말은 매우 의미심장하다. 이는 단순히 목이 짓눌려서 숨을 쉴 수 없다는 의미를 넘어 흑인들을 향해 천천히 조여오는 '느린 폭력(slow violence)', 즉 미국 내에 온존하는 구조적 인종주의가 흑인에게 숨 쉴 권리를 주지 않고 질식에 이르게 한다는 의미다.

2014년 12월 13일, '경찰의 폭력으로 희생된 모든 무고한 유색인종을 위한 정의'를
요구하는 수만 명의 시위자들

아시아인을 향한 혐오도 빼놓을 수 없다. 코로나19 팬데믹으로 인해 최근 몇 년 동안 아시아인을 대상으로 한 혐오 범죄가 점점 늘어나는 추세다. 아시아 여성을 향한 무자비한 공격이 그 대표적인 사례다. 2020년, 애틀랜타주에 거주하는 백인 남성 로버트 애런 롱은 아시아 여성 6명을 무차별 살해했다. 이는 '애틀랜타 총기 살인 사건'으로 알려진 끔찍한 사건의 전말이다. '아시아인을 향한 혐오를 멈춰라(Stop Asian Hate, SAH)' 운동이 일어난 것은 그 연장선에서였다. 2021년 3월호 《뉴요커(The New Yorker)》 커버스토리를 통해 확인할 수 있듯, 아시아계 여성이 아이의 손을 잡고 지하철역에서 기차가 도착하기를 불안하게 기다리는 모습은 그들의 삶이 얼마나 크게 위협받고 있는지 잘 보여준다.

한국인에게로 시선을 옮겨보자. '한국인은 인종차별의 피해자일까 가해자일까?' 역사적으로 한국인은 인종차별의 피해자이며 희생자였다. 좀 더 구체적으로, 한국인은 하와이의 사탕수수 농장, 멕시코의 에네켄 농장에서 힘든 노동과 동시에 혹독한 인종차별에 시달렸다. 또한 1992년, LA에서 폭동 사건이 발생했을 때 그들은 억울한 일을 당하기도 했다. 그뿐 아니다. 얼마 전 코로나19로 인해 미국 등지에서 아시아인 혐오가 확산되었을 때도 많은 한국인이 부당한 대우를 받았다.

한국 사회 내부를 들여다보자. 한국 사회는 이미 다문화 사회로 접어들었다. 그런데도 이 사회에는 여전히 단일민족 신화가 잔존하며 다양성보다 동질성을 추구하는 성향이 남아 있다. 게다가 인종차별 문제는 여전히 공론화되지 못한 채 한국인 관심의 사각지대에 놓여 있다. 체류 외국인 수가 200만 명을 넘어섰고 전체 인구의 4퍼센트를 차지하는데도 말이다. 이에 유엔이 '한국 사회에는 인종차별이 명백히 존재한다. 이것을 시정하기 바란다'라는 권고안을 내놓았을 정도다. 사정이 이렇다 보니 한국인의 이중성에 대한 지적, 즉 자신이 인종차별의 피해자일 때와 가해자일 때의 반응이 너무 다르다는 비판도 들려온다. 자신이 피해자일 때는 상대방의 부당한 대우에 강하게 반발하며 고발을 서슴지 않다가 자신이 가해자일 때는 그것이 왜 인종차별인지 진지하게 고민조차 하지 않는다는 것이다. 이는 명백한 이중잣대다.

또 다른 예를 들어보자. 한국에서 '블랙 페이스(black face)'가 논란이 된 적이 있다. 의정부 고등학교 학생들이 졸업사진을 찍을 때 일부 학생들이 가나의 한 뮤직 그룹의 '관짝 소년단' 퍼포먼스를 패러디했는데, 이때 그 학생들이 자기 얼굴을 검게 칠한 것이 문제가 되었다. 얼굴이 검은 가나인을 패러디하는 과정에 얼굴을 검게 칠한 것이 무슨 문제가 되느냐고 반문할 사람이 있을지 모르겠다. 그러나 이는 간단한 문제가 아니다. '블랙 페이스'의 아픈 역사를 알고 나면 그렇듯 가볍게 따라 할 수 없는 일이란 걸 깨닫게 될 것이다.

블랙 페이스란 미국 사회에서 노예제도가 폐지된 이후에도 백인들이 여전히 '흑인은 열등하다'라는 악의적인 스테레오 타입을 만들어내는 과정과 연관된 '민스트럴 쇼(minstrel show)'에서 행해진

《뉴요커》, 2021년 3월호 표지

2018년 워싱턴 D.C.에 있는 국립 아프리카계 미국인 역사 문화 박물관에서 열린 〈영구적 고정관념(Enduring Stereotypes)〉 전시

(사진: 엄운옥)

퍼포먼스이기 때문이다. 민스트럴 쇼에서는 관객에게 즐거움을 주기 위해 백인 배우를 흑인 캐릭터 짐 크로로 분장하고 연기하게 했는데, 그 배우는 얼굴을 검게 칠한 뒤 바보스럽고 열등한 모습을 연기하며 흑인을 조롱하고 그 이미지를 추락시키고자 했다. 이런 일이 반복되면 흑인 낙인찍기가 성공을 거두게 되고, '흑인은 열등하다'라는 스테레오 타입을 대중이 차츰 당연한 것으로 받아들이게 된다. 굉장히 무서운 이미지 조작 장치가 아닐 수 없다. 그런 까닭에 오늘날 미국을 비롯한 유럽 서구 사회에서 인종이 다른 사람이 자기 얼굴을 검게 칠해 블랙 페이스를 만드는 일은 용납되지 않으며 금기로 인식된다.

다시 한국 사회로 돌아오자. 한국은 미국처럼 다른 인종을 노예로 부린 적도 없고 미국 사회처럼 완전한 이민 사회도 아니다. 그러니 '얼굴을 검게 칠한 것이 뭐가 나쁘다는 거지? 우린 블랙 페이스에 그런 의미가 담겨 있는지 몰랐어!' 식의 논리로 넘어갈 수 있을까? 그렇지 않다. 우리가 발을 딛고 사는 세계는 이미 글로벌화되었다. 완전히 세계화된 세상에서 그런 구차한 변명이 더는 통하지 않는다.

이런 맥락에서 '노예제의 역사', '블랙 페이스 사건' 같은 인종차별 관련 역사 교육이 한국 교육 현장에서 턱없이 부족했다는 뼈아픈 반성과 노력이 뒤따라야 한다고 생각한다. 사실 히틀러와 나치에 의해 저질러진 유대인 홀로코스트에 대해서는 여러 매체와 영화 등을 통해 수없이 다루어졌고, 전 세계 많은 국가에서 역사 시간에 교육이 이루어졌기에 대다수 사람이 그 실상을 잘 알고 있다. 그러나 '블랙 페이스 사건'을 통해 잠시 논란이 되었을 정도로 '노예제'와 '인종차별' 역사는 대중 사이에 잘 알려지지 않고 있다. 이 주제를 다루는 교육이 적극적으로 이루어지지 않은 상황을 면밀히 살펴 반드시 보충해야 할 것이다.

이제 이야기의 방향을 바꾸어 '다문화'라는 개념과 밀접히 관련된 '결혼 이주 여성'에게로 시선을 옮겨보자. 오늘날 한국 사회에는 국제 결혼을 통해 태어난 아이들을 '다문화'라는 용어로 지칭하면서 마치 본래 한국인과 다문화인이 별개로 존재하는 것처럼 구분 짓고 차별하는 경향이 있다.

애초 '다문화'라는 용어는 한국 사회의 다양성이 높아지는 경향과 추세를 긍정적으로 바라보는 관점에서 만들어진 말이라고 볼 수 있다. 그러나 이 용어가 우리 사회에서 많은 이들의 입에 오르내리는 과정에 원래의 긍정적인 의미가 퇴색되고 편견과 조롱이 섞인 부정적인 뉘앙스가 담기게 된 것은 아닐까? 그러므로 우리는 한 번쯤 결혼 이주 여성과 그 자녀들에게 '다문화 자녀', '다문화 장병', '다문화 사람' 등의 말을 들을 때 그들이 어떻게 느끼는지 물어야 하고 고민해야 한다. 그들은 이런 편견이 담긴 용어를 좋아하지 않는다. 아마도 열에 여덟아홉은 이런 용어를 한국인이 자신을 원래 한국인과 구분 짓기 위해 사용하는 말로 받아들일 것이다. 그런 까닭에 우리는 '다문화'라는 용어가 또 다른 차별의 언어가 될 수 있다는 가능성을 염두에 두고 진지하게 고민해봐야 한다.

이어서 이주 노동자로 초점을 옮겨보자. 현재 한국 사회에는 '고용허가제'라는 이름의 이주 노동 관리 제도하에서 50만 명이 넘는 이주 노동자가 일하고 있다. 한국 사회는 이들을 어떤 태도로 대하고 있을까? 2020년, 이를 극명하게 보여주는 사건이 발생했다. 캄보디아에서 이주해 온 여성 노동자 속헹 씨의 죽음이 그것이다. 안타깝게도 그녀는 추운 겨울 난방도 안 되는 비닐하우스 집에 거주하다가 사망했다. 물론 그녀의 직접적인 사망 원인은 간 질환이었으나 추운 날씨와 열악하기 짝이 없는 주거 환경이 건강을 악화시켰다는 데에는 의심의 여지가 없다.

이 사건을 진지하게 생각해보자. 우리 한국 사회는 이주 노동자 속헹 씨가 죽음에 이를 수밖에 없도록 지속해서 '느린 폭력'을 자행해온 것은 아닐까? 한국 사회는 속헹 씨를 동등한 인간으로 대우하지 않았고, 그녀에게 제대로 된 주거 공간을 제공하기 위한 그 어떤 노력도 하지 않았다. 더욱 심각한 문제는 그녀가 죽기 전까지 주거 시설로 사용했던 비닐하우스 집이 고용허가제 상에서는 합법적인 주거 시설로 인정된다는 점이다. 참고로, 고용허가제에 따라 고용주는 숙식비를 이주 노동자의 급여에서 공제해 징수할 수 있다. 그런데 이때 고용주가 징수하는 주거 시설이 비닐하우스, 컨테이너, 샌드위치 패널 등인 경우가 비일비재하다.

그렇다면 한국 사회는 그동안 합법의 영역 안에서 사람이 죽어가는 일을 방치한 것은 아닐까? 사실, 그동안 이주 노동자 단체가 '비닐하우스는 집이 아니다'라는 문제를 지속해서 제기해왔다. 그리고 그 연장선에서 〈비닐하우스는 집이 아니다〉라는 제목의 다큐멘터리가 제작되어 방송되기도 했다.

이런 맥락에서 우리는 그동안 한국 사회가 이주 노동자를 어떻게 대해왔는지 진지하게 돌아봐야 하고, 과연 그들을 우리와 같은 인간으로 인정하며 살아왔는지 반성해야 한다고 본다.

인종주의를 없애려면?

인종주의를 없애려면 우리는 무엇을 어떻게 해야 할까? 안타깝게도 인종주의는 사라지기 어렵다. 왜냐하면 '과학적으로 인종 개념이 근거가 없다'라고 아무리 열변을 토해도 '인종이 실재한다'고 믿는 사람들의 고정관념이 좀처럼 바뀌지 않기 때문이다. 그도 그럴 것이 사람들 눈에 각 개인과 집단의 신체 조건 차이가 명확히 존재하며, 그 차이를 누구나 무의식적으로 받아들이고 또 반응할 수밖에 없기 때문이다. 그러나 좀 더 깊이 생각해보면 인종주의 문제는 구조적인 측면과 긴밀히 연결돼 있음을 알 수 있다. 그런 맥락에서 인종에 대한 우리 인식을 바꾸고 바로잡고자 한다면 무엇보다 '식민주의'를 진지하게 성찰하고 극복해야 한다.

필자는 앞에서 '인종주의는 근대 유럽의 발명품'이라고 말했다. 여기서 잠시 질문을 던져보자. "근대 유럽은 인종 개념을 정립하면서 왜 백인이 황인이나 흑인보다 우월하고, 같은 백인 중에서도 노르딕인종이 더 우월하다는 논리를 개발했을까?" 이는 바로 식민주의를 정당화하고 유지하기 위해서였다. 그들이 유럽 이외의 다른 지역을 식민지로 만들고, 그 식민지를 통해 자신들이 의도하는 이익을 실현하기 위해서는 '지배-피지배'라는 권력관계와 구조가 갖춰져 있어야 했기 때문이다. 말하자면 유럽은 자신들이 만든 식민주의라는 권력관계를 지탱하기 위해 인종주의라는 이데올로기를 절대적으로 필요로 했다. 이는 근본적으로 식민주의라는 권력구조를 무너뜨리지 않는 한 인종주의는 사라지지 않는다는 이야기다.

그렇다고 해서 좌절할 필요는 없다. 절망만 가득하지는 않기 때문이다. 희망의 사례로 최근 활발히 논의되기 시작한 '회복적 정의' 노력을 들 수 있다. 회복적 정의란 과거의 불의를 없었던 일로 되돌릴 수는 없어도 피해자에게 그에 합당한 보상과 배상을 함으로써 부족하나마 정의 실현에 한 걸음 다가가는 일을 말한다. 그 연장선에서 실제로 최근 식민주의 청산과 회복적 정의를 위해 의미 있는 변화가 봄 들판에 새싹 돋아나듯 지구 곳곳에서 생겨나고 있다. 그 구체적인 사례로 영국이 케냐를 식민 지배한 역사와 배상 소송의 예를 들어보자.

1963년, 케냐는 영국으로부터 독립을 쟁취했다. 케냐인의 독립은 저절로 주어진 선물 같은 것이 아니었다. 그들은 독립을 쟁취하기까지 10여 년 동안 영국을 상대로 치열한 게릴라전을 벌였으며, 독립은 그 결과로 얻은 값진 열매였다. 케냐의 독립전쟁 당시 게릴라전의 주축을 이룬 세력은 '마우마우(Mau Mau)'라는 이름의 무장 단체였다. 당시 영국 정부는 마우마우를 색출하고 소탕하기 위해 케냐인을 무차별 체포하여 수용소에 가두었다. 왜냐하면 영국 정부는 누가 마우마우이고 누가 민간인인지 구분할 수 없었기 때문이다.

주목할 만한 점은 케냐의 마우마우 소탕작전은 이미 '민간인을 재판도 거치지 않은 채 수용소에 가두는 것은 불법이다'라는 국제적인 합의가 이루어진 이후에 벌어졌다는 사실이다. 이는 제2차 세계대전 중 나치가 유대인을 학살하기 위해 수용소를 만들고 홀로코스트라는 끔찍한 범죄를 저지른 이후 1948년 뉘른베르크 재판에서 이루어진 국제 합의였다. '반인도적 범죄(crime against humanity)'라는 규정이 명문화된 것도 그즈음의 일이다.

그러나 영국 정부는 1950년대에 식민지 케냐의 민간인을 무차별 체포해 수용소에 구금했다. 당시 영국 정부는 케냐에서 마우마우로 의심되는 사람들을 색출하기 위해 10만 명이 넘는 민간인을 체포해 수용소에 가두었다. 그리고 그들을 고문하는 과정에 1만 명이 넘는 사람의 목숨을 빼앗았다. 그때로부터 수십 년의 세월이 지난 지금까지도 심각한 고문 후유증으로 고통받는 사람이 적지 않을 정도로 끔찍한 만행이었다.

2010년과 2011년 두 차례 영국 정부에 의해 끔찍한 고문을 당한 케냐인 피해자 4명이 영국 정부를 상대로 소송을 진행했다. 영국 정부는 개인 배상 형식으로 그들에게 피해 배상을 했다. 이렇듯 부족하나마 피해자에 대한 보상이 이루어지고 있다. 물론 아직 국가 대 국가 차원에서 식민 지배에 대한 공식적인 사죄와 철저한 보상으로까지 이어지지 못해 아쉬움이 남지만, 개인 보상의 형식으로나마 '회복적 정의' 실현에 다가가고 있다는 점이 중요하다.

이는 영국만의 문제는 아니다. 독일도 나미비아에서 헤레로족과 나마족을 학살한 전과가 있는데, 이를 제대로 배상하지는 않았지만 원론적인 차원에서 사과했다. 또한 2013년 자메이카, 아이티, 수리남 등의 카리브해 국가들도 영국, 프랑스, 네덜란드를 상대로 노예제로 인한 피해를 보상하라는 소송을 제기했다. 이 소송은 정식 재판으로 이어질 수 있을까? 아직 정식 재판이 열렸다는 소식은 들리지 않고 있다.

16~19세기, 제국주의 횡행으로 전 세계적으로 노예제가 행해졌다. 그때로부터 수백 년의 시간이 지난 지금 그와 관련한 피해 보상을 한다면 구체적으로 누구에게, 어떻게 해야 할까? 이것을 실제 법으로 따지면서 판단을 내리는 일은 불가능에 가까울 것이다. 그런데도 이런 유의 소송을 제기하는 것은 그 자체로 충분히 의미 있는 일이다. 카리브해 여러 국가를 비롯해 과거에 노예제로 심각한 피해를 당한 사람들이 본격적인 목소리를 내기 시작했으며, 좀 더 힘 있는 목소리로 식민주의를 비판하고 있기 때문이다.

그렇다면 우리는 어떨까? 식민주의의 큰 피해자인 한국인은 스스로 완전무결하다고 여기며 가해자인 일본을 향해 반성과 사과, 피해 보상을 요구하기만 하면 될까? 아니, 문제는 그렇게 간단하지 않다. 한국은 고도의 경제 성장을 거치며 우리보다 경제적으로 뒤떨어지는 여러 국가에 산업을 이전하는 과정에 과거 유럽 버금가는 악행을 저질렀기 때문이다. 그런 까닭에 우리는 '한국인이 과연 피해자인가?' '한국인도 가해자인 것은 아닌가?'라는 성찰적 질문을 계속해서 해야 한다.

인종차별이 사라지지 않는 또 다른 이유는 복합적인 차별과 구조적인 차별이 우리 사회에 여전히 존재하기 때문이다. 즉, 한 사람 한 사람의 개인이 인종차별적인 행위를 하고 안 하고의 문제가 아니라 딱히 가해자가 없는 것 같은데도 여전히 피해자가 존재하는 구조적인 문제라는 이야기다. 어떤 측면에서 인종차별이 구조적으로 존재한다는 것은 성차별, 계급차별과 결합된다는 의미이기도 하다.

성차별과 인종차별이 뒤섞이는 복합 차별에 대해 생각해보자. 대표적인 사례로, 한국 사회의 여성 이주 노동자의 경우 직장의 고용주로부터 성추행이나 성폭행을 당하는 일을 들 수 있다. 이런 경우 고용주들이 여성 이주 노동자를 자신과 동등한 권리를 가진 인간으로 대한다고 볼 수 없다. 자기보다 못한 사람, 자신이 함부로 대해도 괜찮은 사람으로 보기 때문에 야만적인 인종차별과 성차별이 동시에 발생하는 것이다.

계급차별과 인종차별이 연결되기도 한다. 흔히 한국의 인종주의를 'GDP 인종주의'라고 규정하는데, 이게 무슨 의미일까? 한국인은 이주해 오는 외국인을 그 출신국의 경제 수준, 즉 GDP에 따라 차등을 두어 차별한다는 뜻이다. 이른바 한국에 진출해 있는 글로벌 기업에 다니는 외국인 노동자와 이주 노동자를 다르게 대하는 것도 그런 맥락에서다.

마지막으로, '마음의 식민화'에서 벗어나기가 인종차별을 종식하기 위한 근본적인 처방이 될 것이다. '마음의 식민화'란 무엇일까? '다른 사람을 차별하는 사람은 차별당하는 사람보다 비인간 상태에 놓이게 된다'라고 필자는 생각한다. 그리고 차별이란 근본적으로 '타자화'의 산물이다. 타자화란 글자 의미 그대로 다른 사람을 자신과 다른 사람으로 규정하고 차별 대우하는 행위다. 말하자면, 나는 고귀하며 존중받아야 할 인간이지만 나에 의해 타자화된 다른 사람은 나와는 근본적으로 다른 인간, 즉 고귀하지도 않고 존중받을 가치도 없는 인간이라는 의미다. 다른 사람을 나와 다른 인종으로 대하는 것이 타자화의 대표적인 사례다. '어떤 사람이 비닐하우스 집에 살아도 된다'라고 생각하는 이유도 바로 그가 타자화의 대상이 되었기에 가능한 것이다.

타자화는 노예제 시절 백인이 흑인을 '말하는 가축' 정도로 취급했던 역사와 맥이 닿아 있다. 또한 나치가 유대인을 죄책감 없이 학살하기 위해 그들을 '비인간화'하는 과정이 단계적으로 치밀하게 진행된 것도 타자화와 관련이 깊다.

자기 자신과 다른 사람을 구분 짓는 타자화는 차별을 유발하는 심리 기제로 작용할 위험성이 높다. 여기서 자기 자신과 다른 사람을 가르는 타자화는 '단순화'에서 출발한다는 점을 짚고 넘어가고 싶다. 인간은 원래 복잡한 존재다. 자기 자신을 생각할 때도 '나라는 인간의 내면이 얼마나 복잡한가'를 생각하게 되는데, 다른 사람에 대해 '이 사람은 이런 유형이다, 저 사람은 저런 유형이다'라고 어떻게 쉽게 판단할 수 있겠는가? 다른 사람을 그토록 쉽게 판단할 수 있다고 생각하는 것 자체가 어불성설이며 허구다. 이것이 바로 '단순화'의 전형적인 사례다. 그러므로 우리는 정형화된 분류에서 한 발 물러나 상대방을 자신과 마찬가지로 존중받아 마땅한 고귀한 존재로 인정하고 받아들이려고 노력해야 한다. 나이지리아 작가 치누아 아체베(Chinua Achebe)는 "모든 스테레오 타입은 단순화에서 출발한다"라고 말한 바 있다.

우리가 지금까지 살펴본 '인종'이라는 이름의 스테레오 타입도 마찬가지다. 어떤 사람을 그 사람 자체가 아닌 어떤 인종에 속하는 사람으로 보기 시작할 때 그 단순화로부터 인종이라는 스테레오 타입이 만들어지고, 스테레오 타입은 차별을 낳을 수밖에 없다.

인종차별은 저절로 사라지지 않는다. 다시 말해 인종차별은 몸에 붙은 악습이나 몸 안의 질병 같은 것으로, 가만히 두면 저절로 없어지지 않는 것은 물론 점점 더 악화하기 십상이다. 인종차별 문제는 악습을 고치고 질병을 치료하듯 근원을 없애기 위해 부단한 노력을 기울여야 할 사안이다. 비록 완벽하지는 않지만, 지금까지 많은 사람이 혼신의 노력을 기울여 인종차별을 없애왔다. 우리는 낯선 대상과 낯선 일을 두려워하고 미워하는 마음, 즉 혐오를 비겁하게 인간 본성으로 돌리는 대신 철저한 자기반성과 성찰을 거듭

해야 한다. 이방인을 나와 다른 존재로 규정하며 배척하는 대신 품넓게 받아들임으로써 '나의 세계를 확장하는 용기'가 절실히 필요하다. 우리는 제각각 다르지만, 또 모두 같다. 우리 인간은 인종이라는 이름의 스테레오 타입 안에 가둘 수 없는 놀라운 가능성과 다양성을 지닌 호모 사피엔스니까!

IN THE OTHER
ZONES

lecture
02

다양성의 시대에
어떻게
살아남을까

조영태

서울대학교 보건대학원 교수

인류의 이동과 다양성

태곳적부터 인류는 끊임없이 어딘가로 이동하며 생활해왔다. 지구상에 사람이 많이 살지 않던 시대에 인류는 주로 미개척지를 향해 이동했다. 그러나 지금은 지구에 80억 명이나 되는 많은 사람이 살고 있기 때문에 미개척지는 거의 없어졌다고 해도 지나치지 않다. 이는 오늘날 우리가 언제 어느 곳으로 이동하더라도 누군가를 만나게 될 확률이 매우 높아졌다는 뜻이다.

그렇다면 사람들은 왜 끊임없이 이동할까? 그 이유는 다양하다. 어떤 이는 경제적인 기회를 찾아 이동하고, 다른 어떤 이는 그리운 가족을 만나기 위해 이동한다. 그리고 또 어떤 이는 이동하고 싶지 않지만 전쟁이나 정치적인 이유 등으로 어쩔 수 없이 이동하기도 한다.

이렇듯 이동의 이유는 제각각 다르며, 한 지역에서 다른 지역으로 이동해 간 사람들은 필연적으로 '다양성'을 만들어낸다. 이주민은 이미 그곳에 뿌리를 내리고 살던 정착민과는 다른 생활양식을 갖고 있기 때문이다.

2015년 9월, 그리스 레스보스섬에 도착한 난민

국가의 경계를 넘어서는 이동을 '이민'이라고 하는데, 이민은 사회의 다양성을 만들어내는 주요 요인으로 작용한다. 그런데 사회의 다양성은 국가의 경계를 넘어서는 이동, 즉 이민을 통해서만 생겨나는 것은 아니다. 다시 말해, 한 국가 안에서도 사회의 다양성이 형성된다. 우리나라를 예로 들어보자. 수도 서울은 지난 몇십년 동안 전국 각지에서 수많은 사람이 이동해 온 결과 오늘날과 같은 세계적인 대도시로 성장했다. 그러다 보니 서울은 강원도에서 이주해 온 사람, 충청도에서 이주해 온 사람, 전라도와 경상도에서 이주해 온 사람 등 제각각 다른 지역 배경을 가진 사람이 한데 어우러져 사는, 다양성이 살아 있고 역동성이 살아 있는 거대 도시가 되었다. 그런 의미에서 서울은 '다양성의 집합체'라고 말해도 지나치지 않다.

그렇지만 사회의 다양성은 인종과 언어와 문화가 같거나 비슷한 한 국가 안에서의 이동보다는 국가 간 이동, 즉 국제 이동을 통해 생성되는 것이 더 보편적이다. 서울에는 우리나라 각지에서 온 사람들이 주로 모여 산다면, 뉴욕이나 LA 같은 도시는 미국의 다른 주뿐 아니라 전 세계에서 이주해 온 많은 사람들로 인해 서울과는 비교할 수 없을 정도로 다양성이 살아 있고 역동성이 살아 있는 도시로 성장하고 발전했다.

국제 이주민 지원을 목적으로 하는 UN 협력기구인 국제이주기구(International Organization for Migration, IOM)에서는 2년마다 국제이주보고서(World Migration Report, WMR)를 발행한다. 이 자료에 따르

2020년 국제이주보고서

(출처: https://republicofkorea.iom.int/deiteojalyo)

1 억 6,400만 명
이주 노동자

2 억 8,100만 명
전 세계 국제 이주자
(2020년 기준)

3 .6 %
전 세계 이주자 비율

7 ,020억 달러
이주자 및 디아스포라를
통한 국제 송금 (2020년 기준)

면, 1990년 기준 전 세계 인구는 53억 명 정도였고, 그 중 약 2.9퍼센트에 해당하는 1억 5,000만 명 정도가 자신이 태어난 곳이 아닌 다른 곳에서 살고 있었다. 그로부터 33년이 지난 2020년에 전 세계 인구는 78억 명으로 한 세대 만에 25억 명이 늘어났다. 그럼 이 기간에 자신이 태어난 곳이 아닌 다른 곳에서 사는 사람의 수는 어떻게 달라졌을까? 국제이주보고서에 따르면, 2020년 기준 자신이 태어나지 않은 곳에서 사는 사람 수는 2억 8,100만 명으로 3.6퍼센트 정도다. 30년 동안 전 세계 인구는 25억 명 증가했고, 자신이 태어나지 않은 다른 곳에서 살고 있는 사람의 수도 1억 3,100만 명이나 늘었다. 세계 인구가 늘어난 만큼 다른 곳으로 이주해 생활하는 사람의 수도 늘어난 셈이니, 지난 30년간 전 지구적으로 다양성도 그만큼 커져왔다는 것을 알 수 있다.

2010~2021 국내 체류 외국인 증감 추이

(출처: 출입국외국인정책 통계월보 2021년 9월호)

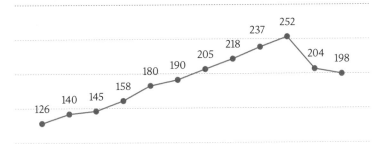

(단위: 만 명)

이와 같은 다양성 관점에서 우리나라를 분석해보자. 현재 대한 민국에는 얼마나 많은 외국인이 살고 있을까? 국가 통계에 따르면 코로나19가 발생하기 직전인 2019년에 우리나라에 체류하는 외국인 숫자가 가장 많았다. 당시 외국인 252만여 명이 한국에 체류 했는데, 코로나19 이후 감소하여 2021년에는 198만여 명의 외국인이 장단기 체류 혹은 미등록 이주 노동자로 한국에 살고 있다. 이 숫자를 전체 인구에서 차지하는 비율로 살펴보면 3.8퍼센트 정도인데, 앞서 제시한 전 세계에서 자신이 태어난 곳이 아닌 다른 곳에서 사는 인구 비율보다 약간 높은 수준이다. 향후 전체 한국인 중에서 외국인이 차지하는 숫자와 비율이 한국 사회의 다양성 수준을 결정하게 될 것이다. 인구는 어떤 사회의 다양성 수준을 보여주는 가장 중요한 척도이기 때문이다.

그런데 과연 다양성이 커지는 것이 좋을지 반대로 작아지는 것이 좋을지에 관한 논의는 여기서 잠시 뒤로 미루고, 그 대신 다양성을 논하는 데 있어 가장 중요한 요소의 하나인 '인구'에 대해 먼저 생각해보자.

인구 절벽의 위기

최근 여러 언론 매체에서 대한민국 '인구 절벽' 문제의 심각성을 집중적으로 다루고 있다. '인구 절벽'은 글자 그대로 인구수가 절벽을 만나듯 갑자기 뚝 떨어진다는 의미로, 대한민국이 현재 맞닥뜨리고 있는 인구 감소 문제를 형용하는 용어다. '인구 절벽'이라는 용어를 맨 처음 사용한 이는 해리 덴트(Harry Dent)라는 미국 경제학자 겸 금융시장분석가다. 그는 주로 인구를 기준으로 국제 금융시장을 분석하는데, 그 연구 결과를 모아 2014년 『The Demographic Cliff』라는 책을 출간했다. 우리가 지금 일상적으로 사용하고 있는 '인구 절벽'이라는 용어는 바로 이 책에서 유래했다고 보면 된다. 해리 덴트는 여기에서 전 세계 금융시장이 향후 인구 문제로 인해 어떻게 바뀌어갈 것인지 예측하고 전망하였는데, 대한민국에 관한 내용이 특히 많이 담겨 있다. 사실 그럴 수밖에

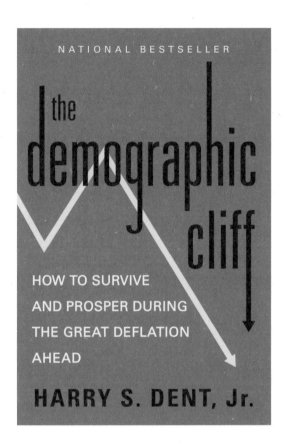

미국 경제학자 해리 덴트의 『The Demographic Cliff』(2014)

없는 것이, 대한민국은 다른 나라에 비해 상대적으로 고령자 비율이 높은 데 반해 출산율은 매우 낮기 때문이다. 해리 덴트의 책은 2015년에 『2018년 인구 절벽이 온다』라는 제목으로 국내에 소개되었다. 책 제목만 보면 '2018년 이후 대한민국에 인구 절벽이 오는구나'라고 생각하기 쉽지만, 꼼꼼히 내용을 읽어보면 제목이 풍기는 뉘앙스와는 사뭇 다르다는 것을 알 수 있다. 말하자면 이 책이 이야기하는 대한민국의 인구 절벽이란 전체 인구가 2018년 이후 갑자기 크게 줄어든다는 의미가 아니다. 그럼 무슨 의미일까? 엄밀히 말해 15~64세의 인구, 즉 생산 가능 인구가 눈에 띄게 줄어든다는 것을 의미한다.

그렇다면 과연 저자의 예측대로 2018년부터 인구 절벽이 왔을

2015~2020 출생 인구, 사망 인구
(출처: 행정안전부 주민등록 인구통계)

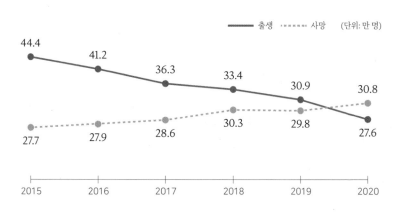

까? 그렇지는 않다. 오히려 그와는 반대로 이 해에 대한민국의 인구는 여전히 소폭 증가했다. 그러다가 실제로 태어나는 사람 수보다 사망하는 사람 수가 더 많아져서 인구가 자연적으로 줄어들게 된 때는 2020년부터다. 여러 언론 매체가 〈진짜 인구 절벽이 시작된다〉라는 식의 기사를 우후죽순으로 쏟아내기 시작한 것도 이 무렵부터다.

그렇다면 곰곰이 생각해보자. 일하고 소비하며 생산에 참여하고 성장에 기여하는 사람들이 절벽처럼 급감하는 현상이 과연 지금 대한민국에서 실제로 일어나고 있을까? 다행히 아직 그 정도는 아니다. 왜냐하면 이론상 15~64세의 사람이 생산 가능 인구에 포함된다고 하지만 실제로 생산 활동에 참여하는 연령대는 대략 25~59세인데, 2023년까지는 이 인구가 시장에 영향을 줄 만큼 줄지 않았다.

그렇다면 2023년 이후에도 별 문제가 없을까? 안타깝지만 그렇지 않다. 2023년부터 2033년까지 향후 10년 동안 일하고 소비하는 25~59세 인구가 크게 감소하여 2023년 부산시 인구인 330만 명과 맞먹는 327만 명 정도가 줄어들 것으로 예측되기 때문이다. 그리고 더 큰 문제는 이것으로 끝나지 않으리라는 데 있다. 2023년부터 2030년까지 감소세가 계속되어 2023년의 대구시 인구수(235만 명)에 가까운 207만 명이 감소하고, 이후 4년 만에 대전시 인구만큼(147만 명) 또 줄어들 것으로 예측되는 것이다.

이런 식으로 일하고 소비하는 인구가 급격히 감소한다는 것은 무엇을 의미할까? 바로 그만큼 내수시장이 축소될 것이고 생산의 총량도 줄어들 수 있다는 것을 뜻한다. 일하고 소비하는 사람 숫자가 크게, 더구나 빠르게 줄어들면 그와 비례하는 정도로 경제가 위축되는 것은 당연하다. 문제는 인구수의 이런 감소세는 이미 '정해진 미래'라는 것이다.

이런 상황 앞에서 당신은 어떤 생각이 드는가? '뭐, 그러거나 말거나 어떻게든 적응하며 살겠지' 하는 생각이 앞서는가, 아니면 '아이고, 큰일 났다! 앞으로 어떻게 살아야 하지?' 하는 걱정이 앞서는가? 아마도 세대별로 제각각 다른 반응이 나올 것으로 보이는데, 상대적으로 연령이 낮은 세대는 전자 쪽일 확률이 높고 연령이 높은 세대는 후자 쪽일 확률이 높지 않을까 싶다. 그렇다면 '큰일났다'라고 답변하는 사람들의 경우 왜 그런 격한 반응을 보일까? 아마도 개인적·사회적 경험에 의한 본능적 직감이 있기 때문일 것이다. 즉, 우리나라 경제가 1970년대부터 지금에 이르기까지 매우 빠른 속도로 성장해왔는데, 그 과정에 한 번도 인구가 줄지 않았다. 특히 이 50여 년 동안 25~59세의 실질적인 생산 가능 인구는 단 한 번도 줄어든 적이 없었다. 살아온 기간 동안 언제나 경제가 성장했고 인구도 함께 증가해왔는데, 갑자기 인구가 줄어든다니 앞으로 경제 성장이 둔화될 것 같다는 걱정이 드는 것은 당연한 일이다.

일반적으로 국가 경제와 일하고 소비하는 인구수는 매우 밀접하게 연결된다. 일하는 인구가 늘어나면 그만큼 경제 성장에 유리

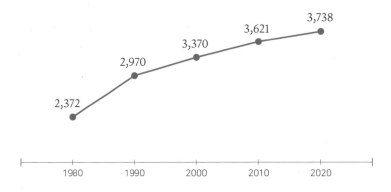

1980~2020 생산 가능 인구수

(출처: 행전안전부)   (단위: 만 명)

2,372   2,970   3,370   3,621   3,738

1980   1990   2000   2010   2020

하고 반대로 인구가 줄면 상대적으로 불리하다. 이런 맥락에서 향후 일하는 인구가 급격하게 줄어들 것이 정해진 미래라면 우리나라의 경제도 점점 악화 일로를 걷게 되리라는 불길한 예감이 들 수밖에 없다. 안타깝지만, 이는 잘못된 논리가 아니다. 왜 그런지 이유를 짚어보자.

한 나라의 경제가 성장하는지 그렇지 않은지를 분석할 때 주로 사용하는 지표에 '잠재성장률'이라는 것이 있다. 그리고 일반적으로 잠재성장률을 계산할 때 주로 사용하는 방법으로 '생산함수 접근법'이라는 게 있다. 이는 경제학자들이 주로 사용하는 용어인데, 이 생산함수 접근법에서 긴요하게 사용되는 변수가 바로 '노동력의 크기'다. 결론적으로 말해, 노동력의 크기가 크면 클수록 잠재성장률은 높아질 수밖에 없다.

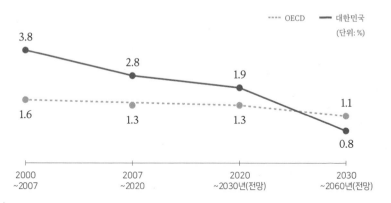

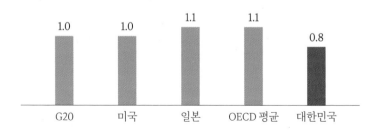

 이런 맥락에서 볼 때 지난 수십 년 동안 우리나라가 성공적으로 높은 경제성장률을 이루어냈다는 의미이고, 다른 한편으로 향후 15~64세의 생산 가능 인구 또는 25~59세의 실질 생산 인구가 줄어들게 되면 그만큼 노동력이 줄어 당연히 잠재성장률은 떨어

질 수밖에 없다는 의미이기도 하다. 사정이 이러하니 우리가 '한국 경제의 미래에 적색 신호등이 켜졌다'라고 입을 모아 걱정할 수밖에 없는 것이다. 마치 이런 실태를 증명이라도 하겠다는 듯 매년 국가별 미래 전망을 내놓는 OECD가 대한민국의 미래 잠재성장률을 상당히 부정적으로 예측했다. 사실 지금까지 우리나라는 잠재성장률 측면에서 언제나 OECD 국가 중 가장 높은 수준을 유지해 왔는데, 앞으로 매년 눈에 띄게 낮아지다가 2030년쯤에는 최하 수준으로 떨어질 거라는 전망인데 그 배경에 바로 노동 인구의 급감 문제가 있다. 자, 이제 어떤 느낌이 드는가? '진짜 우리나라 경제가 큰일 났다'라는 생각이 드는가? 그렇다면 이 상황에서 무엇을 어떻게 해야 할까?

인구 절벽을 향해 질주하는 일하는 인구가 줄어드는 속도를 어떻게 늦출 수 있을까? 가장 근본적인 해결책은 아기가 많이 '태어나는' 일이다. 그런데 이미 낮아질대로 낮아진 출산율이 갑자기 올라갈 수 없는 것이 현실이고 아무리 출산율이 높아져도 가임기 여성의 수가 이미 줄어서 실제 태어나는 아이의 수가 과거처럼 늘어날 수도 없다. 게다가 신생아가 노동시장에 들어오길 기다리려면 최소 20년이 걸린다.

또 다른 방법은 일하는 사람들의 법적인 정년을 현행 60세보다 더 높은 나이로 올리는 것이다. 정년 연장이든 고용 연장이든, 사람들이 나이가 들어도 더 일할 수 있게 하여 생산하고 소비하는 인구가 급감하는 것을 막는 일이다. 이는 매우 현실적인 대안이며,

실제로 일본은 이 방법을 적극적으로 활용하고 있다. 그런데 연령이 높아지면 생산성이 현저히 낮아지는 것이 일반적이다. 또 평생일할 수는 없기 때문에 정년 연장 혹은 고용 연장은 몇 년의 시간을 버는 효과는 있지만 인구 절벽의 장기적이고 근본적인 대안이될 수는 없다.

마지막으로 이동, 이주를 통해 새로운 사람이 유입되도록 하는방법이다. 단일민족 이데올로기가 매우 강한 우리나라에 외국인이 들어와서 함께 사는 것은 쉽지 않은 일임에 틀림없다. 하지만내수시장이 쪼그라들고 세수가 줄어서 사회복지체계를 유지할 공적 자금이 없어지는 것보다 단일민족 이데올로기를 극복하는 편이 더 쉽다. 이미 우리 사회는 그런 변화를 감내하기 시작한 것으로 판단된다. 언론을 보면 몇 년 전만 해도 이민에 대해 회의적이던 시각이 대부분이었는데, 지금은 이민이 필수 불가결한 사항인것처럼 보도하는 기사와 시론이 꾸준히 늘고 있다. 실제로 정부도이민청 신설 논의를 먼저 들고나왔고, 그에 대한 사회 인식이 그다지 나쁘지 않다. 물론 이민을 받아들이는 것은 정말로 어려운 일임에 틀림없다. 우리야 우리가 원하면 한국에 와서 일하고 소비해줄외국인이 줄을 서 있을 것으로 생각하기 쉽지만, 외국인의 입장에서 보면 한국은 국제 이주 노동 시장의 아주 작은 한 선택지에 지나지 않는다. 우리가 여러 면에서 치밀하게 잘 준비하고 있어야 많은 외국 근로자들이 우리나라를 이주지 및 거주지로 선택할 것이다. 그러므로 우리는 다양성이 살아 있는 사회를 만들어 가기 위해 치열하게 고민하고 치밀하게 준비해야 한다.

인구 문제를 보는 미래지향적 관점

앞에서 한 이야기를 간단히 정리하자면 다음과 같다. 우리나라는 초저출산 문제로 인한 급격한 인구 감소, 특히 생산 인구의 감소로 인해 국가 성장이 정체되거나 위축되지 않을까 하는 우려와 두려움이 커지고 있다. 그리고 현재 맞닥뜨린 인구 문제를 해결할 방법의 하나로 '외국인 이주'를 통한 적극적인 유입을 고려할 수밖에 없는 상황에 직면했다. 인구 절벽 문제가 자연스럽게 외국인을 우리 국민으로 받아들이느냐의 문제로 옮겨갈 수밖에 없는 것도 그래서다. 여러분은 필자의 이런 논리에 동조하는가, 아니면 반대하는가? 어쩌면 이런 생각을 하는 사람이 있을 수도 있겠다. '이렇게 왕창 빠져나간 인구를 어떻게든 메우기만 하면 된다는 건가? 대한민국 노동시장 상황이 과연 그렇게 간단하다는 건가?' 맞다. 필자도 이러한 의견에 동의한다.

인구는 현실에서 괴리된 채 숫자로만 존재하는 게 아니다. 대한민국의 현실을 톺아보며 인구 문제를 냉철히 생각해보자. 최근 노동시장을 보면 한창 열정적으로 일해야 할 청년을 위한 제대로 된 일자리가 없다고 난리다. 그런데 이와 반대로 많은 생산 현장에서는 일할 사람이 없다고들 하소연한다. 청년들은 일자리가 없다고 아우성치고 생산 현장에서는 일할 사람이 없다고 난리다. 현미경을 들이대고 좀 더 자세히 살펴보자. 일할 사람을 구하기 어렵다고 푸념하는 업종은 무엇이고, 지역은 어디일까? 주로 제조업이며, 비수도권, 즉 지방이다. 구직자 쪽에도 현미경을 들이대보자. 일자리를 구하는 이들은 대부분 대졸자인데, 이들은 육체적으로 힘들고 상대적으로 연봉도 적은 제조업을 선호하지 않는다. 게다가 서울·수도권이 아닌 지방에는 문화적 혜택 등 여러 면에서 상대적으로 열악한 것이 현실이자 인지상정으로 누구나 서울·수도권을 선호할 수밖에 없다.

이런 사회적 변화 상황에서 대한민국은 향후 어떤 방향으로 나아가야 할까? 한 발 물러서서 냉철히 분석해보자. 오래전부터 진행된 저출산 경향으로 인해 청년 숫자가 갈수록 줄어드는 것은 이제 변수가 아닌 상수다. 그렇다면 이 청년 세대의 교육 수준은 앞으로 높아지는 경향을 보일까, 낮아지는 경향을 보일까? 아무래도 전자의 경향, 즉 교육 수준이 높아지는 방향으로 나아가지 않을까 예측된다. 그도 그럴 것이 대한민국 사람들은 전 세계적으로도 워낙 교육열이 높아서 지금까지와 다름없이 앞으로도 자녀 교육을 위해서라면 아낌없이 돈을 쓸 것이고 시간과 노력을 아까워하지 않을 것이기 때문이다. 여기에 더해 지금은 '지방 소멸'이 이슈화되는 시대이다 보니 서울·수도권 이외의 지방대학은 신입생을 제대로 선발하기 어려운 실정이다. 이는 향후 배출될 잠재적 생산 인구인 청년의 상당수가 서울·수도권 대학 출신일 가능성이 높다는 의미다.

이런 전제 조건을 염두에 두고 생각해보자. 초등학교에서 대학교까지 교육을 잘 받은, 게다가 서울·수도권에 있는 대학을 졸업한 청년이 어떤 지역에 있는, 어떤 업종, 어떤 직장을 얻고 싶어 하겠는가? 개인마다 편차가 있겠지만, 열에 여덟아홉은 지방에 있는 제조업을 선호하지 않을 가능성이 높다. 이는 우리나라 제조업체의 상당수가 지방에 위치하는데, 바로 그 두 가지 점, 즉 제조업이라는 점과 지방에 있다는 점 때문에 제대로 인력을 충원하기가 어려워진다는 의미다. 이와 관련해 다음과 같이 의문을 제기하는 사람이 있을 수도 있겠다. '지방에 있는 제조업체의 경우 그 정도로 인력 충원이 힘들다면 더더욱 외국 인력, 즉 외국인 노동자를 적극적으로 채용해야 하지 않나요?'라고 말이다.

물론 틀린 말은 아니다. 잠시 방향을 바꿔서 다른 중요한 이야기를 해보자. 먼저, 대한민국 미래 산업의 모습을 머릿속에 그려보자. 당신은 우리나라가 지금까지와 마찬가지로 앞으로도 계속 제조업 중심 국가로 남아 있어야 한다고 생각하는가? 아니면 이미 상당한 수준에 오른 문화산업이나 서비스 산업, 특히 IT 중심의 과학 기술력을 기반으로 한 첨단산업 국가로 전환해야 한다고 생각하는가? 아마도 열에 여덟아홉은 후자의 방향을 지지하리라 본다.

곰곰이 생각해보자. 앞으로 대한민국의 미래를 어깨에 걸머지고 다음 시대를 이끌고 나갈 청년 세대를 우리가 제조업형 인간으로 키웠는가? 그렇지 않다. 이런 맥락에서 볼 때 제조업에서 일하려는 사람이 크게 줄어들기 때문에, 혹은 지방으로 내려가 일할 사람이 매우 드물기 때문에 외국인 노동자를 적극적으로 받아들여야 한다는 논리는 현명해 보이지도 않고 미래 지향적으로 보이지도 않는다.

좀 더 논리를 전개해보자. 우리 사회의 한편에서 '일할 사람이 없어요. 그러니 외국인 노동자를 더 많이 받아들여야 합니다'라고 목소리를 높이는 사람들의 주장을 냉철히 분석해보면 이는 '지금까지 수십 년 동안 대한민국이 끌고 온 산업 구조를 유지하겠다'는 논리와 다를 바가 없다. 이는 현재 상황을 바꾸지 않고 유지하겠다는 의미이기도 하다. 그런데 문제는 우리 사회가 현상을 유지하는 방향으로 인재를 육성하지 않았다는 데 있으며, 앞으로도 그렇게 사람을 교육하고 훈련하지 않을 거라는 데 있다. 지금까지 수십 년간 우리 사회는 부족하나마 점점 더 높은 부가가치를 창출하는 방향으로 인재를 육성하고 인적 자원을 개발해왔지 않은가.

'인구 절벽' 이야기로 돌아가자. 앞으로 인구 절벽 문제로 인해 우리 사회에 적지 않은 어려움이 닥칠 가능성이 높다. 이는 부인하기 어려운 사실이지만, 그렇다고 해서 '인구 절벽 문제를 해결하기 위해 외국인을 대대적으로 받아들여야 한다'라는 식으로 방향을 잡아서는 안 된다고 본다. 그렇다면 어떻게 이 만만치 않은 문제를 해결해야 할까? 필자는 외국인을 적극적으로 받아들여서 문제를 해결하려 하기보다는 산업 구조 자체를 전면 개편함으로써 해결해가야 한다고 주장하고 싶다. 좀 더 구체적으로, 전통적인 제조업보다 부가가치가 높고 다른 나라의 기업이 쉽게 따라올 수 없는, 고도의 과학기술력과 창조성을 무기로 강력한 경쟁력을 갖춘 기업이 대한민국 산업과 경제를 이끌고 가는 구조를 구축해야 한다. 그리고 그 구조를 꾸준히 강화함으로써 인구 절벽 문제를 해결하 겠다는 의지와 자세를 다져야 한다.

잘파세대의 국경을 초월한 이동은 운명이다

다시 중심 주제인 '다양성' 논의로 돌아오자. 사실 지금까지 우리는 대한민국 사회가 맞닥뜨린 인구 절벽이라는 심각한 문제를 해결하기 위해 외국인을 적극적으로 받아들여야 하며, 그 과정에 자연스럽게 다양성이 증대될 것으로 생각하는 경향이 있었다. 한데, 앞에서 필자가 주장한 논지는 그와 상당히 다르다는 것을 알 수 있다. 이쯤 되면 독자 중에는 이렇게 반문하고 싶은 사람도 있을 수 있겠다. '결국 인구 절벽 문제 때문에 외국 인력 유입이 많아지는 건 아니라는 말씀인가요? 그럼, 앞으로도 우리나라에서 다양성이 증대될 가능성은 희박하다는 의미겠군요?'

필자는 인구 변동과 인구학적 변화를 심층 조사하여 미래를 연구하고 예측하는 학자다. 인구 전문가로서 인구학적 관점에서 보았을 때 향후 대한민국에는 외국인 이주자가 많이 늘어날 것으로 전망된다. 이렇게 말하면 '아니, 방금 인구 절벽 문제를 외국인 이주자를 늘려서 해결하려고 하면 안 된다고 하지 않았나요?'라고 즉시 반문할 것이다. 이 점을 좀 더 자세히 살펴보자. 앞으로 대한민국에 외국인 이민자가 점점 더 많아질 수밖에 없다는 말은 다양성이 그만큼 커질 수밖에 없다는 의미다. 그 이유는 인구 절벽 문제가 아니라 세대의 특성 때문이다. 이른바 MZ세대에서 M을 뺀 Z세대와 그 후속 세대인 α세대가 지닌 독특한 특징으로 인해 미래 대한민국 사회에 외국인 이민자 수가 급증하고 다양성이 증대될 것으로 전망한다는 이야기다.

그렇다면 과연 머지않아 대한민국 사회의 주역이 될 Z세대와 α세대(두 글자를 합쳐 '잘파세대'라고 부른다)는 대체 어떤 특징을 가지고 있기에 미래 대한민국 사회에 외국인 거주자가 늘어나고 다양성이 증대된다는 것일까? 한마디로 말해, 이들은 주로 50~60대 연령층이 포진해 있는 베이비붐 세대와 현재 대부분 40대가 된 X세대가 살아온 세상과 전혀 다른 세상에 살고 있다. 그럴 수밖에 없는 것이, 이들은 기성세대와는 너무도 판이한 특징을 지녔기 때문이다.

베이비붐 세대와 X세대를 예로 들어 그들이 어떻게 살아왔는지 돌아보자. 어린 시절 그들에게는 그야말로 대한민국이 전부였으며, 다른 나라에 대한 정보라고 해봐야 할리우드 영화나 외국인의 생활상을 보여주는 몇몇 텔레비전 프로그램이 고작이었다. 이는 그들이 보고 싶은 것을 능동적으로 취사선택해보면서 정보를 수집하고 견문을 넓혔다기보다는 특정 방송사가 일방적으로 제공하는 정보를 수동적으로 받아들이며 생활했다는 얘기다. 그러다가 1990년대에 이르러 해외여행 자유화가 본격화되고 처음으로 미국, 영국, 프랑스, 독일 등 여러 나라를 여행하게 되면서 비로소 다른 나라와 그곳의 사람들, 그리고 그 문화를 제대로 경험하게 되었다. 해외여행 자유화 이전까지만 해도 우리나라 사람은 대한민국에, 다른 나라 사람은 각자의 나라에서 살았다고 보면 크게 틀리지 않다.

이렇듯 사는 곳이 다르면 생활방식이나 문화가 다를 수밖에 없다. 나라마다 언어도 다르고, 생활방식도 다르고, 문화도 다르면 그 차이가 큰 만큼 한 나라에서 다른 나라로, 한 문화권에서 다른 문화권으로 이주하기가 어려워진다. 그럴 수밖에 없지 않겠는가? 내가 태어나서 자라고 다른 이들과 부대끼며 살아온 곳과 모든 면에서 완전히 다른 곳으로 이주해서 살려고 하면 만만치 않은 적응과 뿌리내림 과정을 겪게 되는 것이 당연한데, 이게 말처럼 쉬운 일이 아니기 때문이다. '코리아타운'이나 '차이나타운'처럼 같은 나라 출신 사람들이 한데 모여 혈연 공동체를 이루고 사는 현상이 드물지 않게 일어나는 것도 이런 연유에서다. 그도 그럴 것이 한 나라에서 다른 나라로, 한 문화권에서 다른 문화권으로 이주하면 필연적으로 이질적인 환경과 맞닥뜨리게 된다. 그러므로 낯설고 이질적인 환경에서 조금이라고 더 동질감을 느낄 수 있는 환경을 절실히 찾을 수밖에 없는데, 코리아타운·차이나타운은 그런 사람들이 모여 자연스럽게 이루어진 끈끈한 공동체이자 작은 사회라고 할 수 있다. 베이비붐 세대, X세대를 비롯한 기성세대는 모두 이런 패러다임 안에서 살아왔다.

그렇다면 잘파세대가 성장하고 있는 오늘날의 달라진 대한민국의 환경을 생각해보자. 말하자면 이는 베이비붐 세대, X세대 등 기성세대에게 주어졌던 환경과는 백팔십도 다른데, 양자 사이에는 구체적으로 어떤 차이가 있을까? 우선, 잘파세대는 기성세대보다 일반적으로 해외여행을 떠날 기회가 훨씬 많아졌다. 과거에 비해 해외여행이 일반화되고 활발해지면서 부모나 친지를 따라, 혹은 친구들과 함께 해외여행을 떠나는 일이 한결 쉬워지고 많아지고 자유로워졌다. 그런데 이것보다 더 주목할 만한 점이 한 가지 있다. 그것은 바로 전 세계 잘파세대를 하나로 연결해주는 신통방통한 소통 도구 '스마트폰'이다. 이들은 어린 시절부터 이 기적의 소통 도구로 손쉽게 접할 수 있는 인터넷 콘텐츠 서비스를 통해 같은 영화·드라마를 시청하고, SNS·유튜브를 통해 재미있게 소통하며 문화적 동질감을 키워간다.

이런 현상이 발생하고 자리 잡는 데 하나의 기폭제가 된 전 세계적인 사건이 있다. 바로 코로나19 사태다. 2019년 말쯤 처음 발병하여 2020년 초 전 세계로 들불 번지듯 번져나간 코로나19 팬데믹으로 인해 우리나라는 물론이고 미국, 영국, 프랑스, 독일 등 서구의 많은 나라와 베트남 등 동남아시아의 나라, 그리고 심지어 남미대륙과 아프리카대륙의 일부 나라도 한동안 온라인 비대면 수업을 진행했다. 이런 현상은 무엇을 암시할까? 전 세계에서 학창 시절을 보내고 있는 비슷한 연령대 아이들이 거의 동시에 거의 동일한 플랫폼에서 만나 서로를 알아가고 밀도 있게 소통하며 동질감을 형성해간다는 의미다. 인류사에 이런 일이 있었나? 단언하건대, 없었다.

흥미로운 사례를 하나 더 들어보자. 과거 우리나라에서 크게 흥행한 뒤 해외로 진출하여 엄청난 인기를 얻은 드라마가 여러 편 있었다. 그중에서도 대표적인 드라마로 〈대장금〉을 꼽을 수 있다. 2003~2004년 국내에서 방송된 〈대장금〉은 최고 시청률 57.8퍼센트, 평균 시청률 46.3퍼센트를 기록한 최고 드라마였다. 이후 〈대장금〉은 국내에서 이룬 엄청난 성공을 밑거름 삼아 다른 나라로 수출되었는데, 중국에서 본격적으로 인기를 얻기 시작하기까지 1~2년이 걸렸다. 그도 그럴 것이 중국이라는 나라는 영토가 워낙 넓어 지역마다 시스템이나 정서가 매우 다르기 때문이다. 그런 까닭에 무엇이든 동시다발적으로 진행되지 않는다. 중국에서 선풍적인 인기를 누린 드라마 〈대장금〉이 베트남에 진출하여 인기를 얻는 데 또 1~2년이 걸렸다. 그리고 중동에서 성공적인 콘텐츠로 자리 잡는 데 1년, 그리고 아프리카에서 높은 관심을 불러일으키는 데 또다시 1년이 걸렸다. 〈대장금〉 사례가 잘 보여주듯 20여 년 전만 해도 문화의 이동은 '순차적'으로 이루어졌다. 이것이 베이비붐 세대, X세대를 망라하는 기성세대가 문화의 중심 소비층일 때의 패러다임이었고 메커니즘이었다.

그렇다면 잘파세대가 문화의 소비와 생산의 중심이 되어가고 있는 오늘날 세상은 어떤 패러다임, 어떤 메커니즘으로 움직일까? 〈대장금〉 사례와 견주어 대표적인 한류 콘텐츠로 전 세계를 뒤흔든 〈오징어 게임〉 사례를 살펴보자. 황동혁 감독이 만들고 넷플릭스가 전 세계로 유통, 보급한 콘텐츠 〈오징어 게임〉은 당연히 우리나라에서 대단한 흥행 성적을 거두었다. 그러나 그게 다가 아니었다. 잘 알다시피 이 드라마는 모든 대륙의 거의 모든 나라에서 사상 유례를 찾기 어려울 정도의 대성공을 거두었다. 한데, 20년 전 〈대장금〉 사례와 비교하며 가장 큰 차이점을 꼽으라면 〈오징어 게임〉의 경우 거의 완벽하게 '동시다발적으로' 전 세계에서 센세이션을 불러일으켰다는 사실이다. 인류 역사상 이런 일이 있었나? 단언하건대, 없었다. 필자는 어린 시절부터 이런 경험을 일상적으로 하며 자라는 아이들이 문화의 주역으로 성장하고 있다는 점에 주목해야 한다고 본다.

자, 곰곰이 생각해보자. 이렇게 성장한 세대에게 '문화적 이질성'이라는 것이 기성세대에게 그랬던 것처럼 다른 나라로 이주하는 데 걸림돌이 되겠는가? 과거에 베이비붐 세대와 X세대 등의 기성세대에게는 문화적 이질성이라는 요소가 이주에 매우 큰 걸림돌로 다가왔다. 좀 더 구체적으로 예를 들어볼까? 대한민국에서 오랫동안 살아온 베이비붐 세대인 당신이 북유럽의 스웨덴이나 남아메리카의 브라질로 이민을 고민하고 있다고 가정해보자. 거의 틀림없이 당신은 이런 고민에 빠지게 될 것이다. '내가, 그리고 우리 가족이 언어도, 생활방식도, 문화도 전혀 다른 저 나라에 가서 잘 적응하며 살 수 있을까?' 그러나 잘파세대는 이런 고민을 아예 하지 않거나 하더라도 훨씬 덜할 확률이 높다. 패러다임 자체가 바뀌었기 때문이다.

마치 인류 문명 태동기에 새롭게 개발된 농사법과 도구의 발명이 같은 위도의 나라로 빠르게 전파되었듯, 오늘날 글로벌 문화의 동질성은 전 세계 같은 잘파세대 사이에서 급속히 확산하고 있다. 이는 비단 우리나라 잘파세대만이 아닌, 전 세계 잘파세대에게 들불 번지듯 번지고 있다는 얘기다. 이런 상황에서 문화적 이질감이 글로벌 이주의 걸림돌이 되겠는가? 태생적으로 글로벌 마인드를 갖춘 잘파세대 친구들은 장차 그야말로 전 지구를 무대로 생활하고 활동하며 역동적으로 살아갈 수밖에 없다. 이는 선택의 문제라기보다 필연이자 숙명에 가까운 일이라고 할 수 있다. 또한 이는 특정 국가에 머무르며 평생을 살아가야 하는 과거의 방식이 아니라 어느 한 나라에 발을 딛고 살더라도 그의 활동 반경이 그야말로 '글로벌하게' 확장된다는 의미이기도 하다. 이런 전 세계적인 패러다임과 트렌드 속에서 우리나라 잘파세대도 다른 나라 잘파세대와 마찬가지로 전 세계로 뻗어나가며 매우 역동적으로 활동하게 될 것이다.

이런 흐름 속에서 앞으로 우리나라는 어떤 변화를 맞이하게 될까? 간단하다. 대한민국에서 태어나고 자란 잘파세대가 다른 나라로 거침없이 이동하고 이주하며 살아가듯 다른 나라 잘파세대도 우리 사회로 자유롭게 밀고 들어올 것이다. 이런 맥락에서 볼 때 잘파세대가 주역이 된 대한민국은 비록 인구는 현재에 비해 많이 줄어들겠지만 오히려 작지도 위축되지도 않는 짱짱한 대한민국을 만들어갈 수도 있지 않을까 기대해본다.

　여러 통계 자료를 면밀히 분석하다 보면 2025년부터 2040년까지 15년 동안 전 세계 노동시장을 좌우할 가장 큰 인구 집단으로 잘파세대를 꼽을 수밖에 없다. 그때가 되면 잘파세대는 어떤 방식으로 활동하게 될까? 당연하게도 이들은 폭넓게, 글로벌하게 활동할 것이다. 여기에 더해 끊임없이 발전하는 최첨단 과학 기술은 이들이 가진 글로벌 속성을 더욱 증폭시킬 것이다. Z세대가 30대에 진입하는 2030년대가 되면 그들의 물질적, 정신적, 문화적 동질성은 점점 더 확장될 것이며, 전 세계적으로 자유롭게 이동하고 이주하며 사는 사람의 수가 훨씬 늘어날 것이다. 아니, 그냥 늘어나는 정도가 아니라 그야말로 폭발적으로 증가하게 될 것이다. 그렇게 되면 전 세계 잘파세대가 우리 대한민국 사회를 하나의 플레이그라운드로 여기며 활동할 것이다. 말하자면, 우리나라에 한번 들어와서 평생 뿌리내리고 사는 게 아니라 들어왔다가 나가고, 또 들어왔다가 나가고 하면서 자유롭고도 역동적으로 살아갈 것이다.

　필자는 바로 이런 맥락에서 향후 인구 절벽 때문이 아니라 미래의 주역이 될 잘파세대가 가진 속성, 즉 글로벌한 특징으로 인해 장차 이동과 이주가 더욱더 활발하게 일어나리라고 예측하는 것이다. 그리고 당연하게도 그 과정에 대한민국 사회의 다양성은 비약적으로 커지고 역동적이 될 수밖에 없지 않겠는가! 과거에는 대륙 간, 국가 간, 인종 간 문화가 매우 이질적이었다. 그리고 그 만만치 않은 이질성이 한 사회, 한 국가 안의 다양성을 제한했다. 그러나 우리 앞에 펼쳐질 미래에는 국가 간 문화의 '동질성'과 '동시간성'이 비약적으로 커지게 될 것이다. 그리고 바로 '동질성'과 '동시간성'이 역설적으로 한 나라 안에서의 다양성을 획기적으로 증대시킴으로써 지금까지와 전혀 다른 패러다임의 사회로 진입하게 할 것이다.

그렇다면 이런 흐름에서 우리는 과연 무엇을 어떻게 준비해야 할까? 다시 한번 강조하자면, 먼저 '제조업 생산에 필요한 외국인 노동자를 적극적으로 받아들여 인구 절벽 문제를 해결하자'라는 식의 틀에 박힌 논리에서 과감히 벗어나는 일부터 시작해야 한다. 그런 다음, 대한민국의 산업 구조를 머지않아 이 사회의 주역이 될 잘파세대의 특성에 맞게 바꾸고 개조하는 일에 온 힘을 쏟고 정성을 들여야 한다.

글로벌 인재의 경쟁력 '다양성'

이제 우리 자신에게 이렇게 되뇌고, 또 질문을 던져보는 건 어떨까. '향후 잘파세대를 중심으로 우리 사회는 점점 더 다양성이 커질 수밖에 없다. 그리고 이런 경향은 우리나라는 물론이고 전 세계적으로 더욱 강화될 것이다. 그렇다면 이런 흐름 속에서 나는 무엇을 어떻게 준비해야 할까? 그리고 우리의 자식 세대이자 후속 세대인 잘파세대를 어떻게 키우고 교육해야 할까?'

앞서 필자는 인구 변화 흐름을 짚어가며 우리나라뿐 아니라 전 세계적으로 다양성이 갈수록 증대되고 있다고 진단했다. 그렇다. 지금은 전 세계적으로 다양성이 커지고 확장되는 시대다. 앞으로 그 속도에 가속도가 붙어 더욱더 빨라질 것이다. 다양성이란 인정할까 말까 결정할 수 있는 선택 대상이 아니라 그냥 수용할 수밖에 없는 대상이다.

반드시 수용할 수밖에 없는 대상인 다양성은 당연히 우리나라에만 국한된 현상이 아니다. 잘파세대의 글로벌 속성은 우리나라의 잘파는 물론 스마트폰과 온라인 교육에 노출된 거의 모든 나라의 잘파가 공유한다. 그러므로 다양성이 커지는 것은 글로벌한 현상이다. 다양성의 확산을 모든 나라가 수용할 수밖에 없다. 물론 한 사회의 다양성 수용도는 다른 사회와 같을 수 없기에, 앞으로는 한 사회가 다양성을 얼마나 인지하고 그것을 성장의 재료로 활용할 수 있는지가 그 사회의 발전과 직접적으로 연결될 것이다. 다양성이 필수이고 다양성에 대한 사회의 전반적인 수용도가 중요하다면, 잘파세대 한 명 한 명이 일상에서 다양성을 얼마나 체득할 수 있고 활용할 수 있는지, 잘파세대를 그러한 주체로 성장시킬 수 있는지가 국가의 경쟁력을 좌우할 것임을 의미한다. 향후 펼쳐질 세상에서 우리는 얼마나 자연스럽게 다른 사람과 사회의 다양성을 인정하고 넉넉히 받아들이며 살아갈 수 있을까? 자기 안의 다양성을 경쟁력으로 끊임없이 긍정적으로 변화해갈 수 있는가에 개인과 우리 공동체, 그리고 국가의 운명이 달려 있다고 해도 지나치지 않을 것이다.

　'다양성'이라는 새로운 DNA, 새로운 개념과 가능성으로 무장한 잘파세대가 지구를 좁다고 여길 정도로 활발하게 그리고 자유롭게 이동하며 살아가면서 만들어낼 새로운 세상이 기대되지 않는가!

lecture
03

다양성과
공감,
그리고 행복

장대익

가천대학교 창업대학 석좌교수

인류는 다양성을 키우는 방향으로 진화했는가?

"인류는 과연 다양성을 키우는 방향으로 진화했는가?" 핵심을 찌르는 이 질문에 답하기 전, 잠시 인류에서 생명으로 시야를 넓혀서 생각해보자. 생명의 역사를 공부하다 보면, 대부분의 생명체는 확실히 다양성을 증대시키는 방향으로 진화해왔음을 배우게 된다. 실제로 38억 년 전 존재했던 최초의 생명체와 오늘날의 생명체를 비교해보면 놀라우리만큼 다양해지고 복잡해졌음을 깨닫는다. 그러므로 자연스럽게 '다양성은 자연의 원리인가'라는 생각에 이르게 된다.

다른 생명체들과 마찬가지로 인류 역시 다양성을 키우는 방향으로 진화했다.

"그렇다면 인류가 지닌 그 다양성이라는 속성이 일정한 방향성을 가진 하나의 트렌드처럼 진화해왔는가?"

위 질문이 최근 들어 내가 붙잡고 있는 몇 가지 굵직한 화두 중 하나다.

전체 생명의 관점에서 볼 때 인류는 '생명'이라는 거대한 나무를 이루는 하나의 잔가지에 지나지 않는다. 이 책을 읽는 독자들이 나와 함께 타임머신을 타고 약 1만 2,000년 전의 지구로 돌아간다고 한번 상상해보자. 그곳에서 우리가 인류의 조상인 호모 사피엔스와 조우하게 될 확률은 과연 몇 퍼센트 정도 될까? 실망스러울 수도 있겠지만, 그 가능성은 제로에 가까울 것이 분명하다. 그도 그럴 것이 그 당시 세 종류의 생명체, 즉 인간, 가축, 애완동물을 모두 합한 생물량(biomass)을 추산해보면 육상 척추동물 전체 생물량의 0.1퍼센트에 지나지 않았기 때문이다. 그러니 1만 2,000년 전만 해도 인류는 지구상에서 거의 존재감이 없는 미미한 존재였던 셈이다.

그렇다면 이 비율이 지금은 과연 어떻게 변했을까? 놀랍게도 그것은 무려 98퍼센트나 된다. 불과 1만 2,000년 만에 우리 인간과 인간이 길들인 동물의 생물량이 1,000배 가까이 증가한 것이다. 현재 지구는 인간과 함께 소, 돼지, 닭, 개, 양 등의 가축과 애완동물의 행성이 되었다. 이런 맥락에서 지난 1,000만 년 동안의 지구 생태계 역사에서 가장 괄목할 만한 사실로 '호모 사피엔스의 약진과 확장'을 꼽아도 무리가 없지 않을까. 그리고 지난 1만여 년 동안의 역사는 호모 사피엔스가 지구를 정복해가는 과정이었다고 말할 수 있으리라.

호모 사피엔스, 즉 인간에 대해 살펴볼 때 비교적 짧은 기간 동안 집단의 규모가 놀라우리만치 커지고 인구수가 많아졌다는 사실 외에도 주목할 만한 점이 하나 더 있다. 이는 인류가 만든 위대한 걸

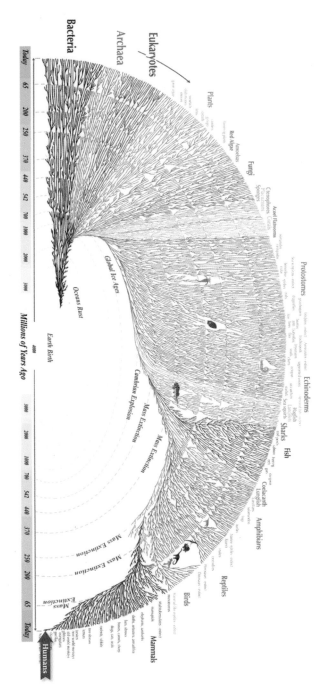

생명의 나무
(출처: Leonard Eisenberg, https://www.evogeneao.com/en)

작 중 하나로, 우리는 이것을 '문명'이라고 부른다. 문명은 지구에 존재하는 모든 생명체 중에서 오직 인간만이 만들어낸 놀라운 작품이라고 할 수 있다. 그런 의미에서 문명을 인류의 '시그니처'라고 말해도 큰 무리가 없을 것이다. 이렇게 말하면 이 책을 읽는 독자 여러분 중에는 다음과 같이 반론을 제기하고 싶은 사람이 있을지 모르겠다.

"예를 들면 개미와 같은 곤충도 인간처럼 문명 비슷한 걸 이룬 것이 아닌가요?"

호모 사피엔스의 이동

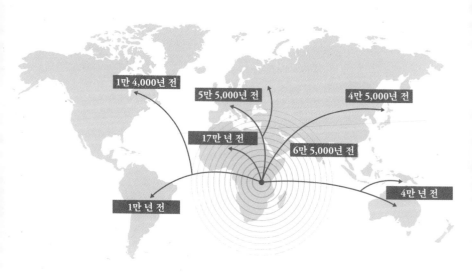

"인류의 사촌 격인 침팬지, 고릴라, 오랑우탄도 낮은 수준이나마 문명을 일으키지 않았나요?"

위의 두 가지 질문이 과연 타당할까? 단언하건대, 그렇지 않다. 얼핏 보면 개미도 인간처럼 문명 비슷한 것을 이룬 것처럼 보일 수 있다. 그러나 사실 개미가 만든 상당히 큰 규모의 집단조차 그야말로 본능에 따른 결과물이라고 보는 것이 맞을 것이다. 그러므로 인간이 일으킨 문명과는 전혀 차원이 다른 결과물이라고 규정할 수 있다. 개미는 말할 것도 없고 침팬지, 고릴라, 오랑우탄 등의 인간을 제외한 영장류 동물조차 '문명을 일으켰다'라고 말하기는 어렵다. 쉽게 말해, 이 친구들은 인간의 도움 없이는 스스로 아프리카대륙을 벗어날 수도 없는 존재이기 때문이다. 가령, 침팬지는 지금으로부터 600만 년 전 무렵 인류와의 공통 조상에서 갈라져 나왔는데, 그들은 지금도 600만 년 전과 거의 차이 없는 방식으로 그곳에서 살아가고 있다. 그러나 인류는 대략 10만~13만 년 전쯤부터 아프리카대륙을 벗어나 유라시아대륙과 베링해를 건너 아메리카대륙까지 퍼져 나갔다. 그렇게 지구 곳곳으로 뻗어나간 인류는 고도로 발달한 문명을 이루었으며 그야말로 글로벌한 세계를 창조했다.

자, 이 책을 읽는 독자 여러분에게 다시 다음과 같은 질문을 던져보겠다.

"인류는 어떻게 이토록 거대하고 정교한 집단을 이루게 되었을까?"

이 질문에 명확히 답변하자면 영장류 동물의 생활상을 자세히 살펴봐야 한다. 영장류 동물은 다른 동물과 달리 집단생활을 한다. 물론 포유류 중에도 집단생활을 하는 동물이 많지만 그들의 집단생활은 가족 중심이다. 크기도 작고 복잡하지 않다. 그러나 영장류의 집단생활은 본질적으로 다르다. 상대적으로 집단의 규모가 크고 복잡하다. 그중에서도 인간 집단은 가장 규모가 크고 복잡하며 수많은 정교한 체계로 이루어져 있다. 인류는 어떻게 이토록 놀라운 집단을 이루고 살게 되었을까? 이는 많은 학자의 주요 연구 과제이기도 하다.

"인류가 만든 집단은 왜 점점 더 규모가 커졌을까?"

"인류 집단은 과연 다른 영장류 집단과는 모든 면에서 근본적으로 나를까?"

뇌과학자와 영장류 학자는 이 두 가지 화두를 붙잡고 오랫동안 연구해왔다.

이 두 분야의 과학자들이 뇌를 연구할 때 가장 중요시하는 부위로 '신피질(新皮質, 대뇌 겉질에서 가장 최근에 진화하여 형성된 부분. 여섯 층의 구조를 이루며 사람 뇌의 대부분을 이룸)'이 있다. 그들은 전체 뇌 중에서 신피질이 차지하는 비율에 특히 주목한다. 왜 그럴까? 오랜 연구를 통해 그 비율과 집단의 크기가 비례한다는 점을 발견했기 때문이다. 즉, 전체 뇌에서 신피질이 차지하는 비율이 큰 종일수록 그 집단의 크기도 크다는 의미다. 이 비율의 관점에서 볼 때 침팬지, 고릴라, 오랑우탄 등 영장류 동물의 집단 크기와 인간 집

던바의 수(Dunbar's Number)

(출처: Dunbar, Gowlett, 2014)

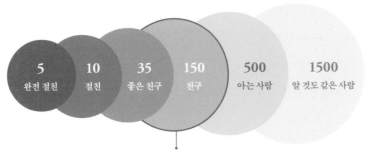

5 완전 절친	**10** 절친	**35** 좋은 친구	**150** 친구	**500** 아는 사람	**1500** 알 것도 같은 사람

한 사람이 안정적으로 상호 관계를
유지할 수 있는 사람의 수

단의 크기는 확연히 다르다는 것을 알 수 있다. 좀 더 구체적으로, 침팬지의 경우 보통 50개체 정도가 하나의 집단을 형성하고 생활하는 데 반해 인간은 150개체 정도가 하나의 집단을 이루고 살아간다. 옥스퍼드대 교수이자 심리학자인 로빈 던바(Robin Dunbar)는 이것을 '던바의 수(Dunbar's Number)'라고 명명했다. 이 이론에 따르면, 인간의 경우 친구의 최대 수는 150명 정도다. 말하자면, 이것이 하나의 인간이 이루는 집단의 표준 크기이자 단위라는 것이다. 그런데 수렵 채집기 인류는 특별한 일이 없는 한 평소 알고 지내는 친구들을 매일 만나게 된다. 어제 만난 친구를 오늘 만나고 내일도 만나게 되는 식이다. 그런 까닭에 '150명'이라는 숫자가 꾸준히 유지된다.

집단의 규모를 키운 힘은?

"인류가 오랜 세월에 걸쳐 집단의 규모를 비약적으로 키울 수 있었던 힘은 무엇일까?"

이는 문제의 핵심을 찌르는 매우 중요한 질문이라고 할 수 있다. 전 세계적인 베스트셀러 『사피엔스(Sapiens)』의 저자 유발 하라리 (Yuval Noah Harari) 교수는 위의 질문과 같은 맥락에서 두 가지 질문을 던진다. 그 두 가지 질문은 "우리 인류는 어떻게 이런 독특한 존재가 되었는가?"와 "인류는 어떻게 사피엔스로 살아남아서 전 세계를 지배하게 되었을까?"다. 하라리 교수는 자신이 던진 두 가지 질문에 답하면서 재미있는 이야기를 들려준다. 그에 따르면, 인류는 오랜 진화 과정의 어느 순간 허구, 즉 픽션을 생각해내는 능력을 갖게 되었다고 한다. 또한 인류는 허구를 창조하는 능력을 갖게 됨으로써 상상의 공동체를 창조할 수 있게 되었다는 이야기다. 이는 『사피엔스』를 읽으면서 개인적으로 가장 흥미로웠던 내용으로, 유발 하라리 교수가 한국을 방문했을 때 이 주제를 가지고 대담하기도 했다.

허구를 창조하는 능력을 가진 인류가 진화 과정의 어느 시점에 상상의 공동체를 창조할 수 있게 되었다는 하라리 교수의 이론이 가장 잘 맞아떨어지는 영역은 종교다. 그중에서도 특히 그리스도교나 이슬람교를 예로 들어 생각해보면 그러한 측면이 좀 더 명확해진다. 두 종교는 세부 사항은 다르지만 유신론적 세계관을 공유한다는 공통점이 있다. 가령 이슬람교인은 알라신을 유일신으로 섬기며 어떤 인종이든 어디에 살든 어떤 직업을 가진 사람이든 때가 되면 사우디아라비아의 메카 방향으로 절을 한다. 실제로 알라신이 존재하든 그렇지 않든 간에 이슬람교는 거대한 상상의 공동체를 만들었다.

이런 맥락에서 볼 때 전쟁 상황도 다르지 않다. 가장 파괴적인 전쟁조차 때로 생산성을 높이는 긍정적인 역할을 하기도 하고, 심지어 창조성을 지닐 때도 있기 때문이다. 그도 그럴 것이 하나의 국가가 다른 국가를 상대로 전쟁을 하자면 그 공동체 안의 크고 작은 많은 집단이 유기적인 관계를 맺고 효과적으로 소통하며 원활히 협업해야 하기 때문이다. 또한 대규모 전쟁을 통해 한 부족이 다른 부족을 이기면 그로 인해 더 큰 조직이 만들어지고, 더 커진 조직을 유지하기 위해 더욱더 큰 스토리가 필요해진다. 이런 허구, 즉 '픽션'이 바로 인류 집단을 점점 더 커지게 하고 강력하게 만든 원동력이었다는 날카로운 통찰이다. 매우 창의적이고 흥미로운 주장이 아닌가!

유발 하라리 교수의 논리를 좀 더 따라가보자. 『사피엔스』에서 그는 '인지혁명'을 이야기한다. 그에 따르면, 인류는 1만 년 전쯤 실제 세계에 대응해 가상의 세계를 만들어냈다고 한다. 즉, 인류는 가상의 실재를 만들어내어 공동체의 모든 사람이 그 믿음을 공유함으로써 공동체를 유지하고 발전시킨다는 것이다. 이는 침팬지·오랑우탄 등의 영장류 동물은 말할 것도 없고 네안데르탈인조차 절대로 만들 수 없는 새롭고 획기적인 발명이었다. 필자는 인지혁명이 인류 사회를 비약적으로 크게 만들었다는 그의 통찰에 깊이 공감한다.

광화문 교보문고 앞을 지나가다가 "사람은 책을 만들고 책은 사람을 만든다"라는 표어를 누구나 한 번쯤 본 적이 있을 것이다. 맞는 말이다. 실제로 우리 인간은 다양한 활동을 통해 다양한 가치를 만들어내는데, 바로 그 가치로 인해 우리 삶이 송두리째 바뀌기도 하니 말이다. 이것을 『이기적 유전자(The Selfish Gene)』의 저자 리처드 도킨스(Richard Dawkins) 식으로 얘기하자면 "인간은 밈을 만들고, 그 밈이 다시 인간을 만든다"라고 할 수 있다. 다시 말해 우리 인간이 허구를 통해 상상 속의 질서를 만들지만, 자칫 잘못하면 그 상상 속의 질서에 의해 현실 속의 우리가 소외되거나 옥죄이는 일이 벌어질 수 있다. 이런 맥락에서 전쟁과 종교는 한편으로 가치를 다양하게 만드는 기본 장치이면서 다른 한편으로 가치를 훼손하거나 제한하는 힘으로 작용할 위험성이 있다는 점을 명심해야 한다.

이제 다양성의 가장 중요한 엔진, 좀 더 구체적으로 다양성을 만들어내는 심리 엔진에 대해 이야기해보자. 그것은 바로 '인지적 공감'이다. 여기서 그냥 '공감'이라고 하지 않고 '인지적 공감'이라고 특정해서 이야기하는 이유가 궁금할 수도 있겠다. 이 점을 자세히 살펴보자.

공감이란 과연 뭘까? 공감은 나름대로 상상력을 발휘해서 다른 사람의 입장에 서봄으로써 그의 느낌과 관점을 이해하고, 그렇게 이해한 내용을 행동 지침으로 삼는 사회적 기술을 의미한다. 공감은 크게 '정서적 공감'과 '인지적 공감' 두 가지로 구분해서 생각해 볼 수 있다. 이 중에서 정서적 공감은 우리가 일상적으로 느끼고 경험하는 감정을 말한다. 드라마를 예로 들어 이야기하면 누구나 금방 수긍이 갈 것이다. 드라마를 시청하다가 슬픈 장면이 나오면 많은 사람이 그 슬픔에 공감하며 눈물을 흘리지 않나? 뭔가 슬픈 이야기를 들으면 대다수 사람은 자신이 원하든 원하지 않든 자연스럽게 감정 이입이 되기 마련이다. 이것이 바로 '정서적 공감'이다. 이는 감정 측면에서 일어나는데, 인간만이 아니라 모든 포유류가 공유하는 감정이다.

어느 연구팀이 쥐를 가지고 정서적 공감 실험을 했다. 실험실의 쥐가 우연히 버튼을 누른다. 그러자 쥐가 좋아하는 먹이가 나온다. 그러면 쥐는 어떻게 행동할까? 당연히 계속 먹이를 얻기 위해 연속해서 버튼을 누를 것이다. 연구팀은 여기에 한 가지 실험을 추가했다. 쥐 한 마리가 먹이를 먹기 위해 버튼을 누르는 순간, 옆에 있는 다른 쥐에게 전기 충격을 가하는 실험이었다. 이 상황에서 버튼을 누르던 쥐는 어떻게 행동할까? 계속 버튼을 눌러서 다른 쥐가 전기 충격을 당하며 괴로워하는 모습을 볼까? 실제로 그렇지 않다. 어느 순간 그 쥐는 버튼 누르는 일을 멈춘다. 이는 쥐가 인간처럼 생각하는 능력이 있어서가 아니라 다른 쥐의 고통이 자신에게 전달되기 때문에, 다시 말해 상대의 고통이 전염되어 자기도 고통스럽기 때문에 더는 버튼을 누르고 싶어도 누를 수 없게 되는 것이다. 이는 일종의 정서적 전염인데, 자동적으로 일어나는 공감이라고 할 수 있다. 이에 반해 '인지적 공감'은 인간만이 가진 추론 능력으로, 매우 높은 차원의 공감이다. 이는 내가 지금 힘든 상황에 놓인 게 아닌데도 어려운 일을 당한 사람의 입장에 서서 생각해보며 '얼마나 힘들까' 미루어 생각하며 판단하는 것이다. 이를 사자성어로 '역지사지(易地思之)'라고 한다. 입장을 바꾸어서 자신이 다른 사람의 입장에 서보는 것인데, '인지적 공감'은 이런 태도와 행위의 연장선에서 생겨난다.

자, 그렇다면 여기서 또 하나의 질문을 던져보자.

"정서적 공감과 인지적 공감 중 어느 것이 다양성을 증대시키는 데 도움이 될까?"

이 질문에 답하기 전 중요한 논지를 좀 더 자세히 살펴보자. 세계적으로 명망 높은 인지심리학자 대니얼 카너먼(Daniel Kahneman)은 『생각에 관한 생각(Thinking, Fast and Slow)』을 썼다. 이 책에서 그는 인간의 사고(thinking)가 두 가지 시스템으로 작동한다고 말한다. 시스템 1은 '직관'과 '감정'인데, 이는 자동으로 돌아가고 무의식적으로 작동한다. 즉, 위에서 감정적 공감을 설명할 때 말한 드라마의 슬픈 장면에 감정 이입하는 사례처럼 의도적으로 노력하지 않아도 포유류 동물이라면 자연스럽게 느끼는 감정이라고 할 수 있다. 사실 인간 사회에서도 대다수 사람은 시스템 1로 일상생활을 꾸려나가는 데 별문제가 없다.

인간 사고의 두 가지 시스템

(출처: Daniel Kahneman)

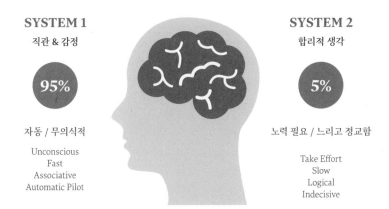

SYSTEM 1
직관 & 감정

95%

자동 / 무의식적

Unconscious
Fast
Associative
Automatic Pilot

SYSTEM 2
합리적 생각

5%

노력 필요 / 느리고 정교함

Take Effort
Slow
Logical
Indecisive

반면 시스템 2는 시스템 1에 비해 훨씬 고난도 과정이 요구된다. 즉, 시스템 2는 애써서 추론하며 합리적으로 생각해야 하고 이성을 작동해야 한다. 이는 매우 정교한 과정이기에 많은 시간이 소요되고 노력이 요구된다. 우리 인간 내면에는 시스템 2도 장착돼 있다. 이런 관점에서 보면 인지적 공감은 시스템 2의 작동이라고 할 수 있다. 공감의 첫 번째 형태인 정서적 공감은 무의식적이고 자동적으로 감정 이입되는 것이며, 그런 의미에서 좀 더 익숙한 감정이라고 할 수 있다. 나와 비슷한 사람들, 예를 들어 생김새가 비슷하고 생각이 비슷한 친구들의 이야기를 가만히 듣고 있으면 굳이 애써 노력하지 않아도 그냥 쉽게 공감이 간다. 이는 시스템 1이 작동한 결과다.

이에 반해 새로운 사람을 만나 그에게서 지금까지 한 번도 생각해보지 않은 뭔가 기발한 아이디어를 들었다고 가정해보자. 처음에는 낯설게 느끼다가도 귀 기울여 듣는 동안 어느 순간 상대방이 말하는 내용이 명확히 이해되고 공감이 된다면 이는 시스템 2가 작동한 결과라고 볼 수 있다. 당신이 무심코 길을 걷다가 뱀 같이 생긴 무언가를 발견했다고 생각해보자. '저게 뭐지?'라며 정교하고 느리게 추론하다가는 자칫 독사에 물려 죽을 수 있기 때문에 인간 뇌의 시스템은 두 가지 감정을 동시에 진화시켰다. 매우 신속하게 작동해서 위험한 상황에서 벗어나게 하지만 틀릴 가능성이 있는 시스템 1. 반대로 시간이 걸리더라도 최대한 세밀하게 파악함으로써 자기 눈앞에 있는 것이 독사인지 아닌지를 정확히 판단하도록 돕는 시스템 2. 우리 사회가 다양성을 키우는 방향으로 성장하기 위해서는 이성적이고 합리적이며 역지사지의 힘이 발휘되는 시스템을 발전시켜야 한다. 그렇다면 여기서 드는 의문 한 가지. '왜 우리는 시스템 2가 아닌 시스템 1을 주로 작동시키며 일상생활을 영위할까?' 이는 수렵 채집기에 인류가 순간순간 맞닥뜨리는 만만치 않은 문제를 해결해가는 과정에 그것이 본능으로 장착됐기 때문으로 추정된다.

인간이 지닌 인지 추론 능력, 합리성 등은 인류사 전체의 관점에서 보면 비교적 최근에 생겨난 속성이자 능력이며, 반사적으로 이루어지는 것이 아니라 의도적으로 노력해야만 할 수 있는 일이다.

그러므로 이는 본능의 영역에 속하지 않는다. 인지적 공감 능력을 키우는 데 교육과 학습, 훈련이 필요한 이유도 수렵 채집기부터 가지고 있는 본능이 쉽게 사라지지 않기 때문이다. 장대한 인류의 진화 역사를 365일 달력으로 환산해보면 어떤 결과가 나올까? 인류가 가축을 키우기 시작한 시점은 12월 31일 오전 6시이고, 인류 최초의 도시가 메소포타미아 지역에 세워진 때는 같은 날 오후 3시이며, 산업혁명이 일어난 때도 같은 날 밤 11시 무렵이다. 그러니까 인류는 절대적으로 긴 기간(진화사의 99.9퍼센트에 해당) 동안 수렵 채집을 하며 살았고, 과학기술 문명을 맛보기 시작한 것은 매우 최근의 일이다. 그래서 어떤 학자는 우리 인류를 "양복을 입은 원시인"이라고 부른다.

아무튼 우리 인간이 자신과 친하고 편한 사람에게 감정 이입이 잘되고 쉽게 공감이 가는 것도 그런 연유에서다. 이 관점에서 우리 자신을 살펴보자. 우연히 마음에 드는 사람을 만나면 노력하지 않아도 저절로 눈이 가지 않는가? 이는 본능의 작용이다. 남자가 여자에게 끌리고 여자가 남자를 좋아하는 일은 따로 교육받을 필요도 훈련받을 필요도 전혀 없다. 이유가 뭘까? 왜냐하면 이는 수렵 채집기에 길러지고 체화된 본능이자 원초적인 심리 상태이기 때문이다.

그렇다면 인류는 과연 다양성을 '추구하게끔' 진화했을까? 그렇다고 보기 어렵다. 다양성 추구는 시스템 1이 아닌 시스템 2를 의도적으로 가동하고 의지적으로 학습해서 어렵게 획득해야 하는 속성이자 역량이기 때문이다. 다시 말해 다양성이란 학습하고, 교육받고, 또 아는 것을 행동으로 옮겨 실제로 해보지 않으면 절대로 얻을 수 없는 자질이자 역량인 것이다. 이런 관점에서 생각해보자면 우리 사회의 다양성을 키우기 위해 정말 많이 애쓰고 노력해야겠구나 싶으면서도 한편으로 위안이 되는 점이 한 가지 있다. 그것은 바로 '인간은 결국 어떤 방식으로 진화했는가?', '결과적으로 문명 발전에 어떤 거대한 흐름이 있는가?'라는 관점에서 인류는 공감의 반경을 점점 확장하는 방향으로 꾸준히 진화해왔다는 점이다. 즉, 처음에는 자기 자신만, 그러다가 차츰 우리 가족, 우리 부족, 우리 민족과 국가, 그리고 모든 인간으로 공감의 영역이 확장한다. 여기서 좀 더 나아가면 인간을 포함한 모든 동물과 식물, 그리고 미생물 등 생명체 전체에 대한 공감으로 확장할 수 있다. 심지어 모든 생명체를 넘어 인류가 최근 한창 개발 중인 로봇·인공지능에까지 공감이 확장될 수 있지 않을까 싶을 정도로 공감의 반경이 비약적으로 확장하는 방향으로 진화했다. 필자는 이것을 '공감의 원심력'이라 부르고 싶다.

인지적 공감, 보편적 윤리, 교육을 통한 공감은 공감의 원심력을 키우는 중요한 요인들이다. 공감의 원심력이 커지면 커질수록 그 사회의 가치는 다양해질 수밖에 없다.

어딘가를 중심으로 곡선 운동을 하는 물체를 잠시 상상해보자. 여기에는 반드시 원심력과 구심력이 동시에 작용할 수밖에 없는데, 공감의 경우에도 이와 마찬가지 원리가 작동한다. 즉, 공감의

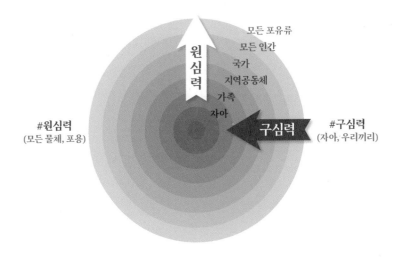

원심력이 작용하면서 다양성을 키움과 동시에 구심력이 반대 방향으로 작용하며 다양성이 증대하지 못하도록 방해하는 것이다. 공감의 구심력을 이루는 중요한 요인으로 일종의 '부족 본능' 같은 것을 비근한 예로 들 수 있다. 좀 더 구체적으로, '부족 본능'은 같은 혈연, 지연 등에 대한 정서적 공감, 자기 집단에 대한 편애와 다른 집단에 대한 편견, 도덕적 직관, 가치의 획일성 등에 의해 형성된다. 이처럼 인류는 언제나 공감의 구심력과 원심력의 강력한 영향을 동시에 받게 되는데, 당연하게도 공감의 구심력보다 원심력이 큰 사회가 다양성이 높은 사회다.

우리 사회의 다양성 지수는 왜 낮을까?

자, 이제 우리 대한민국 사회로 잠시 눈길을 돌려보자. 한국 사회는 왜 이렇게 다양성이 낮은 공동체가 되었을까? 이와 관련해 한국인이라면 누구나 공감하겠지만 외국인, 특히 서양 사람들은 쉽게 이해할 수 없는 우리만의 독특한 문화가 있다. 식당에 가서 먹고 싶은 메뉴를 선택하고 주문하는 상황에서 벌어지는 일이 그런 경우다. 많은 한국인은 식당에 식사하러 가서 '아무거나' 달라고 주문한다. 그런 일이 의외로 잦다 보니 심지어 어느 식당 메뉴판에 '아무거나'라는 메뉴가 올라오는 경우마저 있을 정도다. 음식 주문하는 일을 사례로 들었으니 내친김에 좀 더 구체적인 에피소드를 얘기해보자. 오래전에 이런 광고가 유행한 적이 있다. 직장에서 부장과 부서원들이 다 함께 중국집에 식사하러 간다. 식당에 자리를 잡고 앉자마자 부장이 외친다. "자, 다들 자유롭게 주문해. 난 짜장면!" 그러자 모두가 서로 약속이라도 한 듯 부장을 따라서 짜장면을 주문한다. 당시 그 광고는 이런 획일적인 문화를 바꾸고 뒤집어야 한다는 메시지를 담고자 했던 것으로 보인다. 즉, 우리는 자기가 먹을 음식을 선택하고 주문하는 사소한 일에서조차 자율성과 다양성이 인정되지 않는 획일적인 문화 공동체를 만들어놓았다는 이야기다. 쉽게 말해, 윗사람이 짜장면을 주문하는 상황에서도 짜장면이 아닌 짬뽕이나 볶음밥을 먹고 싶은 사람은 자유롭게 그 음식을 주문할 수 있어야 하고, 심지어 탕수육이 당기는 사람은 망설임 없이 그걸 주문할 수 있어야 하는데, 암묵적인 합의로 그런 자율성을 제한해온 셈이다. 말하자면 우리 사회는 집단의 선택이 개인의 선택에 심대한 영향을 미쳤을 뿐 아니라 개인의 자율성과 다양성을 지속해서 억눌러왔으며, 지금도 여전히 그런 문화에서 벗어나지 못하고 있다.

이와 관련된 여러 가지 지표가 있다. 그중 하나가 '세계 행복지수'다. 대한민국은 사실 경제적 측면에서만 보면 전 세계 상위 10위 정도 되는 선진국이고, 그에 걸맞게 인프라도 잘 구축돼 있다. 그

주요 국가별 개인주의 지수와 행복감

(출처: Ed Diener, *The science of well-being: The collected works of Ed Diener*, 2009)

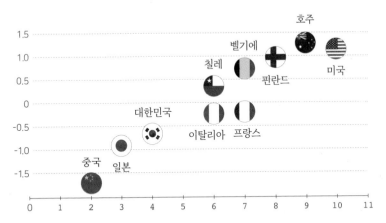

x축: 국가별 개인주의 지수 (수치가 높을수록 개인주의 높음)
y축: 국가별 행복감 (0이 평균 행복감)

런데 아이러니하게도 세계 행복지수 통계를 살펴보면 경제력이나 인프라 수준에 비해 행복지수가 턱없이 낮다는 걸 알 수 있다. 실제로 대한민국은 OECD 국가 중 행복지수가 가장 낮은 나라 중하나다. 과거에 비해, 그리고 다른 나라들에 비해 꽤 잘살게 되었음에도 왜 이렇게 행복지수가 낮은 걸까? 이에 관해서는 다양한 측면의 분석이 가능하다.

다소 충격적인 사실은 아시아에만 초점을 맞추어 살펴보면 경제력이 앞서고 인프라가 잘 구축된, 상대적으로 잘사는 나라 국민의 행복지수가 그렇지 않은 나라의 국민에 비해 훨씬 낮다는 점이다. 이유가 뭘까? 한국이나 일본처럼 서구 선진국 못지않게 경제적으로 풍요롭고 잘사는 데 반해 행복지수가 현저히 낮은 동아시아 국가들의 공통적인 특성은 유난히 '자율성이 낮다'는 점이다. 이를테면, 이런 나라의 직장인들은 주도적으로 일하기보다는 사장이나 상사가 시켜서 어쩔 수 없이 수동적으로 일하는 경우가 의외로 적지 않다. 가정에서도 상황은 별반 차이가 없다. 학생 신분인 자녀들이 열심히 공부하기는 하는데, 자발적으로 공부한다기보다는 엄마 아빠가 잔소리하니 마지못해서 하고, 가족 친지는 물론이고 사회 전체가 남들보다 잘살고 싶다면 조금이라도 더 좋은 대학에 들어가야 한다고 지속해서 압박하니까 그 압력에 떠밀려 어쩔 수 없이 공부하는 식이다. 또 자신은 이런 분야를 전공하고 싶은데, '그 분야보다는 이 분야가 비전이 있지 않겠니? 이 분야를 전공해야 사회에 나가서 좀 더 나은 대접을 받는 거야'라며 은근히 강요하는 식이다.

　이런 상황과 분위기에서 자율성이 낮아지고 훼손되지 않는다면 그게 오히려 이상한 일이 아닌가. 참고로, '자율성이 낮아지고 훼손되는 사회일수록 불행하다'라는 사실을 검증한 구체적인 연구 결과도 나와 있다. 자율성이 낮은 사회일수록 대부분의 일이 집단에 의해 결정되고 구성원들도 집단주의적인 사고방식에 젖어 있는 분위기에서 개인이 행복하다고 느끼기 어려운 것은 당연한 일이지 않을까.

　특히 대한민국이 포함된 동아시아 국가는 대체로 강한 집단주의 성향을 보인다. 이런 사회에서는 예를 들어 여러 사람 앞에서 자신을 소개해야 하는 상황에서 "저는 빨간색을 좋아하고, 영화 〈매트릭스〉 시리즈를 좋아합니다" 식이 아니라 "저는 ○○ 출신으로, ○○ 대학교에 다녔어요" 식으로 모종의 관계를 통해 자기 정체성을 드러내곤 한다. 이를 '상호의존적 자기 개념'이라고 하는데, 우리나라를 포함한 아시아 일부 국가의 경우 이 개념이 강한 민족으로 알려져 있다.

　동아시아 국가, 특히 대한민국은 왜 이렇듯 집단주의 성향이 강한 사회를 형성하게 되었을까? 우리나라에만 국한된 연구를 찾기는 어려우나 전 세계 여러 문화권을 연구한 결과가 제법 있다. 이에 따르면 밀 농사를 짓는 집단에 비해 벼농사를 짓는 집단일수록 훨씬 획일적이다. 이는 밀 농사와 벼농사 특성의 차이에서 기인한다. 즉, 밀 농사의 경우 밀 씨앗을 땅에 뿌리는 일 외에 별다른 노력이 필요 없는 데 반해 벼농사를 짓는 데에는 관개시설 정비를 비롯해 밀 농사의 최소 두세 배 정도 되는 집단 노동이 필요하다고 한다. 벼농사는 밀 농사와 달리 '협업'이 절대적으로 필요한 농업이다. 그러므로 벼농사 과정에 자연스럽게 집단주의 성향이 길러지고 자리 잡게 된다는 이야기다.

동아시아, 그중에서도 중국 양쯔강 유역으로 눈길을 돌려 현상을 분석해보면 위 논리가 좀 더 명확해진다. 실제로 한 연구팀이 밀 농사 위주로 생활하는 양쯔강 북부 지역과 벼농사 위주로 생계를 이어 가는 양쯔강 남부 지역민을 여러 측면에서 세밀히 분석했다. 그 결과 양쯔강 북부 지역민에 비해 강 남부 지역민에게서 훨씬 강한 집단주의적 성향이 나타났다고 한다.

하지만 대한민국 사회의 경우에는 위에 언급한 밀 농사와 벼농사 차이에서 기인하는 일반적인 원인만으로 온전히 설명하기 어려운 부분이 있다. 왜냐하면 중국, 일본 등 주로 벼농사를 짓는 동아시아의 어떤 나라와도 차별화되는 한국인만의 독특한 특성이 충분히 설명되어야만 하기 때문이다. 한국인만이 가진 그 독특한 특성이란 뭘까? 필자는 한국인의 강렬한 '학습 열망'에서 그것을 찾고자 한다.

읽어보지는 못했더라도 『하멜 표류기(Journael, Van De Ongeluckige Voyagie Van't Jacht De Sperwer)』(1668)라는 책을 한 번쯤 들어보았을 것이다. 『하멜 표류기』는 17세기 네덜란드 동인도회사 소속이던 헨드릭 하멜(Hendrick Hamel)이라는 인물이 항해 중 난파되어 제주도에 억류하게 되고, 그 후 13년 동안 조선에 살면서 조선인의 생활상을 자세히 기록한 책이다. 당시 그는 푸른 눈을 가진 낯선 외국인의 관점으로 조선인의 삶을 들여다보았다. 그 과정에 하멜은 한가지 놀라운 사실을 발견한다. 즉, 조선의 아이들은 누구 할 것 없이 밤낮을 가리지 않고 열심히 공부한다는 것이었다. 그러면서 그는 조선인이 가진 탁월한 해독력, 즉 어려운 문구를 읽으며 이해하고 해석하는 뛰어난 능력에 깊은 인상을 받았다고 기록했다.

350여 년 전, 네덜란드인 하멜이 간파했듯 우리 민족은 대단한 학구열을 불태우며 밤낮없이 공부에 매진하는 사람들이었다. 왜 한민족은 이렇듯 대단한 학구열을 불태우게 되었을까? 아마도 성리학의 전통이 깊이 뿌리내린 조선 왕조 기간 동안 출세의 길은 오로지 과거시험밖에 없었는데, 그 시험에 급제하기 위해서는 적어도 어렸을 때부터 글을 읽고 써야 했기 때문일 것이다. 말하자면 열심히 공부해서 바늘귀보다 좁은 과거에 급제해야 비로소 제대로 대접받으며 사람답게 살 수 있다고 생각했기 때문일 것이다. 그러한 획일적인 성공 기준과 경쟁 논리가 적어도 몇백 년 동안 우리 사회를 추동하며 우리를 경주마처럼 달리게 한 원인이지 않을까. 그렇게 치열한 경쟁을 뚫고 어려운 시험에 합격해서 출세하면 자기 자신과 가족은 물론이고 자신이 속한 작은 집단의 위상과 미래까지 바꿔놓을 수 있기에 순수한 학습 열망도 출세를 위한 동기로 변질되었다.

지난 500년의 출세지상주의 문화 유산을 물려받은 우리는 여전

2011~2021 대한민국 출생아 수, 합계출산율

(출처: 통계청 인구동향조사)

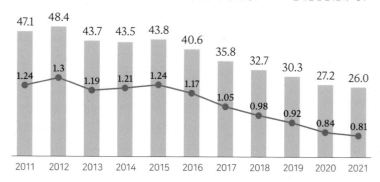

히 초경쟁 사회에 살고 있다. 며칠 동안만 외국에 나가봐도 대한 민국 사회가 얼마나 숨 막히는 경쟁 사회인지 실감하게 된다. 경쟁 사회란 한두 가지 목표와 가치를 향해 모든 구성원이 경주마처럼 질주하는 공동체를 뜻한다. 오늘날 우리 사회의 심각한 문제로 지적되는 초저출산 현상의 원인도 여기에 있다. 우리가 이 문제를 제대로 이해하고 본질을 통찰하기 위해서는 '진화적 관점'이 필요하다. 우리는 누구나 태어나서 성장하고, 결혼해서 아이를 낳고 양육하다가, 늙어서 죽는다. 물론 개인에 따라 결혼하지 않거나 결혼하더라도 아이를 낳지 않을 수 있지만 인간의 기본적인 생애사(life history)는 바로 성장과 번식과 양육, 그리고 죽음의 과정이라고 할

수 있다. 이 생애사는 종마다 독특한 특성을 띤다. 가령, 개구리는 알을 한꺼번에 많이 낳은 후 알을 거의 돌보지 않는다. 하지만 우리 호모 사피엔스는 아이를 한 번에 한 명 정도 낳고 양육에 엄청난 시간과 에너지를 들인다. 이러한 생애사의 차이에 관한 이론이 '생애사 이론(life history theory)'이다.

그런데 같은 종이라도 생애사에는 개인마다 차이가 있을 수 있다. 예컨대 같은 인간이지만 어떤 이들은 아이를 출산하는 일에 관심이 많고 또 실제로 많이 낳아 기르는 데 반해(빠른 생애사 전략가 유형), 또 어떤 이들은 그렇지 않다(느린 생애사 전략가 유형). 그들은 같은 사회, 같은 공동체 안에 거주하면서도 서로 다른 가치관을 따른

빠른-느린 생애사 연속체

(출처: Del Giudice & Ellis, 2016)

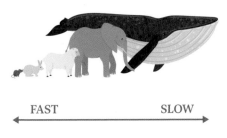

많은 자손
Greater Number of Offspring

적은 자손
Less Offspring

짧은 수명 주기
Shorter Life Span

긴 수명 주기
Longer Life Span

빠른 성장
Faster Growth

느린 성장
Slower Growth

이른 출산 시기
Earlier Reproduction

늦은 출산 시기
Delayed Reproduction

이른 가임기
Earlier Sexual Maturation

늦은 가임기
Later Sexual Maturation

적은 양육 자원 투입
Lower Parental Investment

많은 양육 자원 투입
Greater Parental Investment

FAST ←————→ SLOW

빠른-느린 생애사 전략

빠른 생애사 전략	느린 생애사 전략
많은 자녀 수	적은 자녀 수
소극적 양육 제공	적극적 양육 제공
가치 다양성 추구	가치 획일성 추구

다. 조금 더 구체적으로 느린 생애사 전략가는 출산은 하되 되도록 적은 수의 아이를 낳으려 한다. 대신 이들은 다른 유형의 사람들보다 자녀 양육에 훨씬 더 신경을 쓰고 상대적으로 많은 자원을 투입한다.

아이를 출산하는 문제에서 같은 사회, 같은 공동체 안의 사람들 사이에 왜 이런 차이가 발생할까? 이는 각자에게 주어지는 '예산'이 한정돼 있고 제각각 다르기 때문이다. 개별 인간, 혹은 가족에게 생을 영위하는 동안 사용할 수 있는 예산이 한정돼 있다고 전제할 때 각자는 언제 번식할 것이고, 얼마나 많이 낳을 것이며, 또 언제까지 낳을 것인지 등을 결정해야 한다. 이 과정에 적용되는 것이 '트레이드 오프(trade off)', 즉 '뭔가를 얻고자 한다면 반드시 다른 뭔가를 희생해야 한다'라는 경제 원리다. 말하자면 트레이드 오프 원리에 따라 지금 더 '성장할 것인가', '번식할 것인가'를 결정하게 된다는 이야기다. 이 맥락에서 좀 더 부연하자면 다음과 같은 식이다. 만약 당신 주위에 이미 개체 수가 너무 많아서 '내가 지금 아이를 출산하면 그 아이가 자칫 경쟁에서 밀려 도태되거나 성공할 확률이 낮다'라고 판단한다고 가정해보자. 그러면 당신은 어떤 선택을 할까? 아이를 낳는 일을 포기하고 대신 당신 자신의 성공과 경쟁력을 높이는 일에 매진할 가능성이 크다. 그 반대의 경우, 즉 인구 밀도가 낮으면 경쟁이 덜 치열하니 아이를 낳는 것이 좋은 선택이 될 수 있기 때문에 출산율은 높아진다.

이것이 경쟁 지각(경쟁적이라는 느낌)을 통해 의사 결정이 일어나는 방식이다. 사실 이는 인간에게만 적용되는 원리가 아니라 많은 동물이 본능적으로 하는 선택이자 일반적인 행위다. 모든 동물은 자기 주변의 개체 밀도가 높으면 출산을 늦춘다. 우리 일상생활을 예로 들어 생각해보자. 수도권에 거주하는 당신은 날마다 복잡한 2호선 지하철을 타고 서울에 있는 직장에 출퇴근한다. 당신은 결혼한 지 3년쯤 지난 신혼부부다. 주말이면 당신 부부는 함께 공원 산책도 하며 나름대로 여유를 즐기는데, 산책 중에 '이제 결혼한 지 3년이나 지났으니 아이를 가져볼까?' 하는 이야기를 나눈다. 그런 다음 월요일 출근길 강남역 방향 2호선 지하철 안에서 갑자기 현타(현실 자각 타임)가 밀려온다. '내가 미쳤지! 어쩌자고 무모하게 아이를 낳겠다는 생각을 한 거지?' 이런 상황과 환경에서 아이를 낳기는 쉽지 않다. 우리는 자기 주위에 얼마나 많은 경쟁자가 도사리고 있는지 본능적으로 안다.

인구 밀도에 따른 합계출산율

(출처: 장대익 외, 2021)

(2017년 기준)

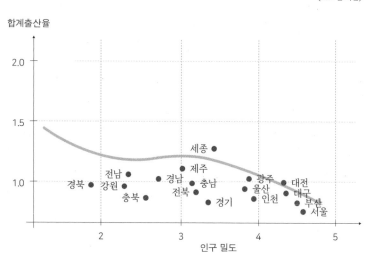

인구 밀도에 따른 여성 초혼 연령

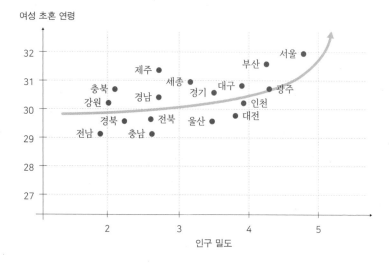

우리가 자기 자신을 둘러싼 환경을 어떻게 인식하느냐가 스스로 경쟁력을 키우는 방향으로 나아갈 것인지, 아니면 좀 더 다양한 가치로 사회를 볼 것인지의 커다란 차이를 만들어낸다. 그런데 상대적으로 인구 밀도가 높을수록, 즉 자기 주위에 사람이 많을수록 자연스럽게 경쟁 자각이 높아질 수밖에 없다. 그렇게 되면 사회적으로 공격성이 발동되고, 경쟁 욕구가 커지고, 목표가 고정되고, 가치가 일원화하는 방향으로 나아간다. 이것이 바로 인간의 기본적인 심리 구조다.

다양성의 관점에서 볼 때 '인구 밀도'가 매우 중요한 지표일 수밖에 없는 것은 바로 그런 연유에서다. 즉 인구 밀도가 높을수록 주위에 경쟁자가 상대적으로 많다는 의미이고, 그런 까닭에 출산을 미루고 자기 자신을 성장시키는 일에만 매진하게 되며, 차츰 한 가지 가치로만 생각하는 시야가 좁고 보수적인 사람이 되기 쉬운 것이다. 이는 필자의 연구실에서 시행한 연구로도 명확히 검증된 사실이다. 그 결과에 따르면, 우리나라의 여러 시와 군을 대상으로 한 심층 조사에서 인구 밀도가 높은 지역일수록 합계출산율이 떨어지는 것으로 나타났다. 또한 그런 지역일수록 여성의 초혼 연령이 높아진다는 사실도 밝혀졌다. 이는 여성의 경우 결혼하더라도 출산할 가능성은 그만큼 낮아진다는 의미이기도 하다. 이런 현상은 인구 밀도가 상대적으로 높은 지역에 사는 사람들, 특히 여성들의 경우 자신을 둘러싼 여건을 경쟁이 치열한 환경으로 인식하기 쉽기 때문이다.

다양성 지수를 높이는 방법은?

우리가 이런 관점을 좀 더 명확히 이해한다면 '다양성 지수' 혹은 '공감 지수'를 높이기 위해 어떤 일을 해야 할지 구체적인 방법과 아이디어를 궁리해볼 수 있을 것이다. 이에 관해서는 네 가지 방법을 진지하게 생각해볼 수 있다. 여기서 가장 중요한 원칙은 우리의 모든 정책이 사람들로 하여금 주위 환경을 '경쟁적'이라고 느끼지 않게 만드는 일이다. 이것이 바로 다양성을 증대시키고 가치를 다원화하는 지름길이다. 자, 이제 네 가지 방법을 구체적으로 살펴보자.

첫째, 공간 축에서 밀도를 낮추는 일이다. 앞서 언급한 대로, 서울·수도권에 거주하는 젊은이들의 출산율이 현저히 낮고 초혼연령이 높은 이유도 '(인구) 밀도' 때문이다. 특정 지역의 인구 밀도가 높다는 것은 자원이 그곳에 집중돼 있어 사람들이 부나비처럼 몰려든다는 말이다. 오늘날 우리는 많은 이들이 '지방 소멸'을 우려하는 시대를 살고 있다. 그런 까닭에 서울·수도권 이외의 지역에 거점 지역을 정해 그곳을 좀 더 '자족적인' 도시로 만들어갈 필요가 있다. 최근 많은 정치인이나 관료들이 '지방 혁신도시'를 만든다며 열을 올리는데, 필자는 여기에 굳이 '혁신'이라는 거창한 단어를 붙일 필요가 없다고 본다. 그보다는 자족 도시를 만들어 '그곳에 거주하면 모든 게 해결된다'고 느끼도록 유도하는 일이 훨씬 중요하다고 본다. 다시 말하자면 이는 도시를 좀 덜 경쟁적으로 만드는 것이며, 공간 축에서 밀도를 낮추는 일이자 다양성을 증대시키는 방법이다.

둘째, 시간 축에서 경쟁 밀도를 낮추는 일이다. 한번 곰곰이 생각해보자. 우리 MZ세대는 왜 예전보다 대한민국 사회가 경제적으로 훨씬 좋아졌는데 '헬조선'을 계속 외칠까? 잠시 베이비붐 세대와 X세대 학창 시절로 돌아가자. 당시에는 고등학교 3학년생이 되어도 요즘처럼 모든 사람이 대학에 가기 위해 치열하게 경쟁하지는 않았다. 반면 요즘 고등학교 3학년생은 대다수가 대학에 가고 싶어 한다. 이것이 바로 지금의 대한민국이 시간 축에서 동시에 경쟁하는 사회라는 징표다. 이러한 현상을 막고 시간 축에서의 밀도를 낮추려면 어떻게 해야 할까? 우선 '갭 이어(gap year)'를 생각해볼 수 있다. 즉, 고등학교를 졸업하고 대학에 갈 때 갭 없이 곧바로 입학하지 않고, 직장에 취직해서 돈을 벌거나 아르바이트 등 다양한 세상 경험을 먼저 하게 한 다음 입학하도록 유도하는 방법이다. 이는 좀 더 좋은 대학에 가기 위해 1~2년 더 공부하는 재수와는 완전히 다른 개념이다. 이는 시간 축의 밀도와 경쟁률을 분산시키는 일로, 우리 사회를 좀 더 다양성이 큰 사회로 바꾸는 좋은 방법이라고 본다.

셋째, 역량 측면에서 밀도를 낮추는 일이다. 사실 우리는 사회 구성원이 저마다 서로 다르다는 사실을 잘 알고 있다. 여기서 '서로 다르다'는 말은 무슨 의미일까? 저마다 역량이 다르다는 뜻인데, 이 점을 먼저 사회 구성원에게 명확히 이해시킬 필요가 있다.

그런 다음 대학 입시나 직장의 입사 시험에 다양한 선발 기준을 만들어 공정하게 평가하고 각자의 능력을 인정받을 수 있게 해야 한다. 이것이 역량 축에서 밀도를 낮추고 경쟁을 완화하는 한 가지 방법이다.

마지막으로, 다양한 인종이 혼합되어 한데 어우러져 살아가는 방향으로 인식을 바꾸도록 유도하는 일이다. 잘 알다시피 우리는 단일민족이 아니다. 한반도는 광대한 유라시아대륙의 일부이자 태평양이라는 드넓은 바다로 이어져 있기에 이곳에 터를 잡고 사는 한민족은 단일민족으로 유지될 수 없다. 오랜 역사를 거치며 대륙에서 이주해 온 사람들이 용광로 안의 광물처럼 한데 섞여서 만들어낸, 태생적으로 다양성이 살아 있는 공동체다. 그러니 한민족 역시 다른 민족과 마찬가지로 유전적으로 다양한 민족인 것은 당연한 일이 아닌가.

'한민족은 단일민족이다'라는 잘못 알려진 신화를 바로잡는 일도 중요하지만 그보다 중차대한 일이 있다. 그것은 바로 어렸을 때부터 다인종 문화를 자연스럽게 경험하게 함으로써 다양성을 전혀 이상하거나 불편한 것이 아닌, 오히려 익숙하고 편안한 것으로 받아들이도록 유도하고 교육함으로써 인종 측면에서의 밀도를 낮추고 편견을 없애는 일이다.

자, 지금까지 살펴본 내용을 바탕으로 간략히 정리해보자. '인류는 과연 다양성이 증대되는 방향으로 진화했는가?' 결과적으로 그 방향으로 변화하기는 했으나 인류 자체가 다양성을 추구하는 방향으로 진화했다고 보기는 어렵다. 그러므로 우리는 인지적 공감력을 키우기 위해 의지를 가지고 노력함으로써 다양성을 증대시켜 우리 사회를 좀 더 역동적이고 활력 넘치는 공동체로 만들어가는 일에 매진해야 한다.

미디어는
어떻게 다양성을
저해하는가

민영

고려대학교 미디어학부 교수

다양성 사회의 미디어와 이용자

다양성은 현대 사회의 변화와 진보를 보여주는 주요 키워드 중 하나다. 또한 국경을 초월해 세계 여러 나라에서 활발히 논의되는 중심 주제이기도 하다. 우리 사회로 관찰 범위를 좁혀도 마찬가지다. 우리 사회의 수많은 장면과 맥락에서 다양성 이슈가 부상하고 다양성에 대한 사람들의 관심도 갈수록 높아지고 있다.

일부 학자는 다양성이 미래 사회의 혁신을 이끌 핵심 동력이 될 것이라고 예견한다. 이는 충분히 고개가 끄덕여질 만한 주장이다. 다양성이 글로벌 기업의 혁신과 성장을 견인하는 새로운 전략이 되고 있고 과학기술 혁신의 추진력으로 작용하는가 하면 성숙한 민주주의의 지표로 인정받는 시대가 도래했기 때문이다.

그러나 현실적인 측면에서 봤을 때 아직 갈 길이 멀다. 다양성이 우리 사회에 긍정적인 에너지와 성과를 창출하려면 무엇보다 먼저 다양성을 존중하고 포용하는 제도와 문화가 정착되어야 한다. 사회 구성원 사이에 다양성을 인정하고 존중하는 인식도 높아져

야 한다. 이런 변화를 만드는 데에 미디어는 중요한 역할을 담당할
수 있다. 사회 환경에 대한 일차적 정보원으로써 미디어는 사회 구
성원이 다른 사람을 이해하는 방식, 그리고 그들 내면의 가치와 규
범에 심대한 영향을 끼치기 때문이다.

　현대 사회는 수많은 플랫폼과 채널로 넘쳐나는 미디어 포화의
시대다. 미디어는 일상의 모든 순간을 매개하며 다양성에 대한 우
리의 경험, 인식, 그리고 태도에 영향을 미친다. 이런 맥락에서 미
디어가 이용자의 다양성 경험과 인식의 지평을 확대하는지, 아니
면 반대로 경험과 인식을 왜곡하고 제한하여 다양성을 존중하는
문화에 부정적인 영향을 미치는지는 중요한 쟁점이 될 수밖에 없
다. 이 글에서는 후자, 즉 다양성을 저해하는 미디어의 작동 방식
을 살펴보고 대안을 제안할 것이다.

레거시 미디어의 작동 방식

　먼저 레거시 미디어(legacy media), 즉 방송과 신문 등 전통 미디어
가 사회 다양성에 어떤 영향을 미치며 작동하는지, 세 가지 논점을
중심으로 살펴보자.

　첫 번째 논점으로, '과연 미디어가 우리 사회에 존재하는 다양
하고도 이질적인 집단의 모습을 충분히 포괄적으로 그려내는지'
를 짚어보자. 이는 한 사회 안에서 더불어 살아가는 다양한 집단을

두고 미디어가 균형적인 정보를 제공하는지에 대한 물음이다. '벡델 테스트(Bechdel Test)'라는 용어를 들어보았는가? 이는 영화의 '성평등 지표'인데, 영화에서 여성 등장인물이 얼마나 배제되거나 주변화되는지를 가늠하기 위해 1985년 미국 만화작가 앨리슨 벡델(Alison Bechdel)이 제안한 테스트다. 기준은 다음의 세 가지다.

이름을 가진 여성 인물이 최소 두 명 이상 등장하는가?
여성 등장인물이 서로 이야기를 나누는가?
여성 등장인물이 남성 이외의 주제로 대화를 나누는가?

이렇듯 단순한 기준도 충족하지 못하는 영화가 과연 있을까? 물론 이 용어가 등장한 시대에 비해서는 훨씬 개선됐지만, 여전히 한국 영화나 할리우드 영화 중 상당한 비율이 세 가지 기준 중 단 한 가지도 충족하지 못한다고 한다. 미국 서던캘리포니아대학 연구진이 2023년 발간한 보고서에 따르면, 2022년 할리우드 100대 흥행 영화에서 대사를 가진 등장인물 중 여성의 비율은 34.6퍼센트에 불과해 2007년 수치인 29.9퍼센트와 큰 차이를 보이지 않았다. 특히 40세 이상 여성 등장인물의 비율은 2007년부터 2022년까지 평균 23.9퍼센트에 그쳤다(Smith, Pieper, & Wheeler, 2023).

미디어 담론에서 특정 집단이 거의 표상되지 않는 현상을 설명하는 개념 중 하나가 '상징적 소멸(symbolic annihilation)'이다. 이는 미국 커뮤니케이션 학자 조지 거브너(George Gerbner)가 고안한 개

앨리슨 벡델의 연재 만화 〈눈여겨 볼 만한 레즈비언들(Dykes for Watch Out For)〉 중
"규칙(The Rules)"(1985)

인기 영화 1,600편에 나타난 불평등 연구

(출처: 서던캘리포니아대학 2023년 8월 보고서)

1,600편의 영화 중 대사를 가진 여성 등장인물의 비율

(단위: %)

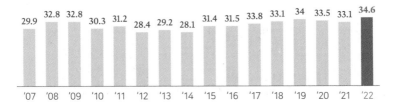

'07	'08	'09	'10	'11	'12	'13	'14	'15	'16	'17	'18	'19	'20	'21	'22
29.9	32.8	32.8	30.3	31.2	28.4	29.2	28.1	31.4	31.5	33.8	33.1	34	33.5	33.1	34.6

1,600편의 영화 중
남녀 성비가 동일한   **12.9%**
영화의 비율

영화 속 남녀 성비

2.17 : 1

넘으로 주류 미디어가 특정 범주의 사람들, 특히 소수 정체성을 가진 이들을 거의 재현하지 않는 현상을 지칭한다. 미디어라는 상징적 공간에서 특정 집단이 보이지 않는다는 것인데, 미디어 담론 속 '부재(不在)'는 이용자 의식에서도 해당 집단의 존재가 사라지게 되는 결과를 초래한다. 물론 여기서 소수 집단이란 수의 많고 적음을 의미한다기보다 사회적, 정치적, 경제적 자원이나 영향력에서 상대적으로 약하거나 낮은 위치에 있는 집단을 의미한다.

상징적 소멸은 '과소재현(under-representation)'과도 연결되는데,

미디어 담론은 소수 집단의 존재를 실제보다 더 미미하게 다룸으로써 그들의 사회적 가치를 축소한다. 상징적 소멸이나 과소재현은 '소수성'이 여러 번 중첩되는 집단을 상대로 더 심각하게 발생한다. 예컨대 여성 중에서도 연령이 많거나, 소수 인종이거나, 장애를 가졌거나, 성 소수자에 해당하는 사람들의 모습은 미디어에서 더더욱 찾아보기 어렵다.

한국에도 많은 가입자를 보유하고 있는 글로벌 OTT 기업 넷플릭스(Netflix)의 사례를 살펴보자. 미국 서던캘리포니아대학 연구진이 2020년과 2021년에 방영된 넷플릭스 오리지널 영화와 드라마 시리즈 546편에 등장하는 인물들의 다양성을 분석한 결과, 특정 소수 인종과 성 소수자의 과소재현이 드러났다(Smith, Pieper, Wheeler, & Neff, 2023). 특히 성 소수자, LGBTQ+는 미국 인구의 12퍼센트 정도로 추정되나, 넷플릭스 픽션 장르에서 대사가 있는 배역으로 등장하는 비율은 3.2퍼센트에 그쳤다. 미디어 연구자들은 우리 사회에서 성 소수자의 존재가 무시되거나 '없는 존재' 취급당하는 원인의 하나로 미디어의 과소재현을 지적해왔는데(예: 박지훈, 2021), 전 세계 이용자들이 가장 많이 소비하는 넷플릭스의 콘텐츠에서도 그러한 경향이 나타난 것이다.

미디어는 소수 집단의 모습을 배제하거나 축소함으로써 현존하는 구성원의 다양성을 포괄적으로 재현하지 못할 뿐만 아니라 해당 집단의 사회적 가치와 중요도가 무시해도 좋을 만큼 '미미하다'는 메시지를 던진다. 이는 이미 존재하는 불평등과 차별을 정당화하는 효과를 가진다. 상징 공간에서 배제되는 집단의 구성원이 무력감을 느끼고 심리적, 사회적으로 위축된다는 연구 결과도 적지 않다.

픽션 장르가 아닌 논픽션 장르 사례도 살펴보자. 조사에 따르면 우리나라 방송에서 시사·보도 프로그램 출연자의 성별 비율은 매우 불균형하다. 서울YWCA가 2022년 대통령 선거 기간 동안 주요 방송사의 시사·보도 프로그램을 분석한 결과, 남성 출연자와 여성 출연자의 비율은 약 4:1로 나타났다(김민주, 2022). 다른 해의 분석 결과도 크게 다르지 않았다. 사회 구성원 모두에게 영향을 미칠 수 있는 중요한 공적 사안을 다루면서 특정 집단의 시각을 과잉 대표하는 것인데, 결국 저널리즘이라는 공론의 장이 다양한 구성원

2019~2022년 시사·보도 프로그램 출연자 성비 추이
(출처: 서울YWCA 2022년 시사·보도 프로그램 모니터링 결과)

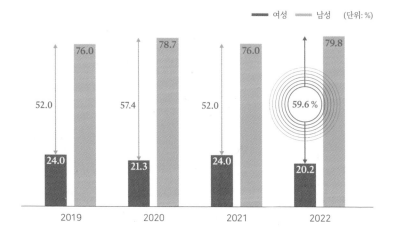

의 관점을 균형 있게 대표하지 않고 소수 집단의 시각을 상대적으로 배제하고 있음을 알 수 있다.

이제 두 번째 논점으로 옮겨가 '미디어는 얼마나 다양성을 포용하며 차이를 존중하는 메시지를 전달하는가'라는 질문을 던져보자. '미디어가 다양성의 긍정적인 측면을 얼마나 적극적으로 전달하며 그를 통해 이용자들이 차이와 다름을 포용하는 태도를 기를 수 있도록 돕는지'를 묻는 것이다.

한 가지 사례로 이야기를 시작해보자. 몇 년 전 우리나라에서 뜨거운 논쟁거리였던 '예멘 난민 이슈'를 기억하는가? 2018년 제주도에 예멘 난민 500여 명이 입국했을 때 한국 언론은 오랜 내전으로 많은 민간인이 사망하고 난민 수십만 명을 배출한 예멘의 비극적 상황이나 예멘인이 제주도까지 오게 된 배경과 관련해 정확하고 사실적인 정보를 충분히 전달하지 않았다. 주요 언론은 "난민 쇼크", "이슬람 난민 점령" 같은 표현을 제목에 부각하며 '난민 공포증'을 부추겼다. 말 그대로 난민은 '박해의 위험을 피해 보호를 신청한 사람'이므로 그들의 국적이나 종교와는 별개로 난민 신청 자격을 갖췄는지 엄밀하게 살펴보는 것이 중요하다. 하지만 그러기도 전에 예멘 난민은 '극우 이슬람교도'로 규정됐고 '테러리스트', '성폭행범', '서민의 일자리를 빼앗고 복지 혜택을 무상으로 누릴 집단' 등 위험한 집단으로 묘사되었다. 이러한 보도를 접한 시민은 무슬림을 향한 부정적 고정관념으로 예멘인을 바라보게 되어 난민 수용을 반대하는 여론이 거세게 형성되었다.

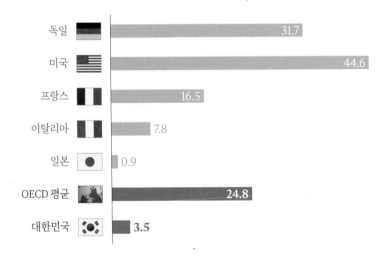

OECD 난민 인정 현황

(출처: 유엔난민기구)   (단위: %)

국가	비율
독일	31.7
미국	44.6
프랑스	16.5
이탈리아	7.8
일본	0.9
OECD 평균	24.8
대한민국	3.5

예멘 난민 보도는 타자에 대한 '정형화된 미디어 담론'의 대표적
사례다. '정형화(stereotyping)'란 어떤 대상, 특히 잘 알려지지 않은
낯선 소수 집단을 몇 가지 고정관념을 중심으로 표상하는 것을 의
미한다. 고정관념은 특정 집단의 특징에 대한 일반적이고 추상적
인 지식인데, 정형화란 집단 전체의 일반적인 특징을 구성원에게
예외 없이 동일하게 적용하는 것을 말한다. 고정관념은 정보를 효
율적으로 처리하는 데 도움을 주지만 하나의 기준으로 사람들을
분류하거나 특정 집단에 속한 모든 사람들에게 동질적인 특성을
부여하는 것은 많은 문제를 초래할 수 있다. 무엇보다 고정관념은

다른 사람에 대해 미처 알기도 전에 선험적으로 어떤 판단을 내리게 한다는 점에서 위험하다. 복잡하고 다채로운 특성을 가진 사람을 하나의 대표적인 속성으로 단순화하다 보니, 한 집단 안에 존재할 수 있는 다양한 차이(diversity in diversity)를 무시하거나 간과하는 오류도 범하게 된다.

고정관념에만 의존할 경우 소위 허위 조작 정보(disinformation)에도 취약해질 수 있다. 어떤 대상에 대한 고정관념이 강할 경우 그와 다른 정보를 접하게 되더라도 사람들은 그것을 예외적인 상황이라고 생각하고 주목하지 않는다. 반대로 해당 집단에 대한 허위 조작 정보라도 이미 가지고 있는 고정관념에 일치한다면 의외로 쉽게 수용한다. 예컨대 우리가 이주 외국인에게 흔히 갖는 고정관념 중 하나가 '우범자'라는 인식이다. 선행 연구(예: 박상조 · 박승관, 2016)에 따르면, 외국인 범죄의 경우 실제 발생 비율보다 언론에 보도되는 비율이 훨씬 높다고 한다. 이처럼 미디어는 소수 집단 자체는 과소재현하면서도 소수 집단의 부정적 특성은 과도하게 부각하는 모순된 양상을 나타낸다. 이주 외국인을 우범자로 인식하는 부정적 고정관념은 이러한 미디어 담론에 기인하는 바가 크다.

이주 외국인을 다루는 미디어 담론은 그들의 위험성을 강조하는 시각과 그들을 향한 온정적 시각을 동시에 내포하는 경우가 많다. 이주 외국인을 전통 가치를 훼손하거나 물리적, 경제적 피해를 초래하는 존재로 부각하면서 동시에 내국인의 도움을 필요로 하는 약하고 무능한 존재로 묘사하는 것이다. 선행 연구에 따르면,

2020년 봄, 코로나19 보도는 특정 집단에 대한
사회적 낙인찍기를 수반했다.

위협 보도뿐 아니라 온정적 보도 역시 이주 외국인에 대한 경멸과 혐오를 증가시킨다고 한다(김찬중, 2019).

부정적 고정관념을 부추기는 미디어 담론은 사회적 재난과 위기 상황에서 소수 집단에 더 큰 위협으로 작동할 수 있다. 코로나 19 보도 언어를 분석한 연구에 따르면, 감염자, 감염 경로 등의 서술에서 언론은 특정 지역이나 집단의 정체성을 의도적으로 부각하며 낙인을 찍는 경우가 많았다(손달임, 2020). 구체적으로, 신천지를 "코로나 숙주"로 부르거나 감염자가 발생한 지점을 "이태원 게이클럽"으로 명시하는가 하면, 중증 장애인 시설을 "코로나 확산의 시한폭탄"으로 지칭하기도 했다. 감염병 전파에 외국인, 성 소수자, 종교 집단 등 특정 정체성의 집단이 연관되면 이들에 대한 고정관념을 매개로 과도한 책임 전가와 비난이 가해졌다(박주현, 2020). 마치 감염이 그들의 국적, 종교, 신체 조건이나 성적 지향성 탓인 것처럼 여겨지게 함으로써 그들의 정체성 자체를 비난과 혐오의 대상으로 만든 것이다. 예컨대 2020년 5월 이태원발 감염을 게이클럽이나 동성애와 연관시키는 기사가 많았는데, 언론은 "블랙 수면방"이나 "찜질방의 실체" 등 자극적 표현을 동원하여 성 소수자의 성적 문란함이나 일탈성을 부각하는 정형화된 보도 양상을 드러냈다(박지훈, 2021). 그 결과 성 소수자들이 아우팅(outing)에 대한 두려움 때문에 코로나19 검사를 피하거나 사회 활동까지 중단하게 되면서 건강의 위험에 더해 경제적 어려움까지 겪는 상황이 발생했다고 한다(정의철, 2021). 차별금지법 제정 필요성이 공론화한 지 한참 지났지만 우리 사회에서 성 소수자의 삶은 여전히 비가시적이며 그들이 어떤 차별을 겪는지조차 잘 알려져 있지 않다 (김승섭, 2022). 앞서 언급했듯이 그들은 상징적 소멸의 대상이기 때문이다. 그러면서도 미디어 공간에서 그들을 주목할 때는 비정상으로 타자화하고 낙인을 찍는 정형화된 담론이 반복된다.

이제 세 번째 논점을 살펴보자. 다양성을 저해하는 미디어 담론의 또 다른 특성인 소위 '갈등 지향성' 문제다. 사회의 다양성이 높아질수록 필연적으로 여러 양상의 갈등이 생겨나고 집단 간 대립도 심화될 수 있다. 한편으로 갈등은 그 자체로 큰 비용을 유발하는 사회 문제이기도 하지만, 다른 한편으로 다양성이 살아 있는 포용적인 사회로 진보해나가기 위해 어쩔 수 없이 겪어야 하는 과정이기도 하다. 그렇다면 미디어는 다양성 사회에서 수반되는 갈등을 어떻게 다루고 있을까?

많은 연구에 따르면, 미디어는 표면적인 갈등 현상 자체를 부각하며 당사자 간 대립을 실제보다 더 심각한 것으로 과장하는 경향을 보인다. 갈등의 본질적인 원인을 심층적으로 규명하고 사안을 둘러싼 여러 의견을 전달하면서 합리적으로 갈등이 해결되도록 이끌기보다는 갈등을 과잉 재현하거나 부추기는 방식으로 보도하는 것이다.

갈등 지향적인 미디어 담론은 '왜 갈등이 발생했는지'를 시민들에게 설명하기보다 대립과 반목 자체만을 주목하게 하여 피로감과 냉소를 유발한다. 공동체 구성원의 상호 이해와 협력이 절실하게 요청되는 감염병 시국에서도 이러한 양상이 관찰되었다. 코로나19 보도에서 언론은 끊임없이 중국, 우한 교민, 외국인, 성 소수자, 중증 장애인, 대구 주민, 물류센터 노동자 등을 '저들'로 만들어, 우리와 저들 간의 대립 구도를 부각했다(손달임, 2020).

언론이 이슈를 둘러싼 다양한 시각을 전달하지 않고 이분법적인 대립으로 갈등을 보도할 경우, 시민들은 갈등 주체 간의 차이를 실제보다 훨씬 더 심각하게 인식하고 갈등을 해소될 수 없는 것으로 받아들이게 된다. 언론이 사안의 성격과 관계없이 정파적인 극화(polarization) 보도를 하는 것도 다양한 의견 사이의 건강한 토론을 저해한다. 극화된 보도를 계속 접하면 이용자는 이슈의 본질과는 상관없이 정파적 시각에서 입장을 정하게 되기 때문에 여론은 더 심하게 양극화될 수 있다. 갈등 지향적인 미디어 담론을 접하며 이용자는 '차이'를 성가신 것으로, '이견 간의 논쟁'을 비생산적인 것으로 인식할 수 있다. 마치 다양성 자체가 이렇게 불편한 갈등을 만들어내는 원인인 것처럼 오해할 우려도 있다. 사실은 다양성이 문제가 아니라 다양성을 포용하지 않는 것이 갈등을 만들어내고 있는데도 말이다.

미디어가 사회 내 갈등 자체를 선정적으로 부각하는 양상은 '분열 전략'과 '이름 짓기'를 통해서도 나타난다. 예컨대 2016년 강남역 살인 사건을 다룬 미디어 보도는 '여성을 상대로 한 일상적 폭력'이라는 본질적인 원인보다 '여성 혐오 대 남성 혐오'라는 대립 구도를 부각했다. 최근에도 미디어는 젠더 이슈를 둘러싼 복합적인 여론 지형을 '이대남'과 '이대녀'의 대결 구도로 바꾸어 젠더 집단 사이의 대화를 중재하기보다 오히려 갈등을 유발하고 상품화하는 경향을 보였다. 이러한 미디어 담론은 사람들에게 어느 편에 설 것인가를 강요하게 되고, 사안을 충분히 숙고하거나 상대방을 이해하고 소통하려는 노력 없이 상대방을 탓하고 적대시하는 감정을 품게 한다.

최근 많이 사용하는 MZ세대라는 용어는 또 어떤가? 도저히 한 집단으로 묶을 수 없는 이질적인 사람들에게 공통된 특성을 부여함으로써 다른 세대와의 차이를 부각하고 오히려 세대 간 갈등을 자극하지는 않는가? 20여 년에 걸친 출생 코호트를 하나의 세대로 묶어 강력한 이름 짓기를 통해 '부족화'하는 것은 그들 안의 다양성을 이해하고 존중하는 데 도움이 되지 않는다.

새로운 디지털 미디어의 작동 방식

지금까지 주로 전통적 미디어를 중심으로 다양성 가치에 부정적으로 작용하는 미디어 담론의 특성을 살펴보았다. 이제 디지털 변혁 속에서 조성된 새로운 미디어 환경이 다양성에 대한 우리의 경험, 인식, 그리고 태도에 어떻게 작용하는지 이야기해보자.

디지털 미디어 환경에서 개인은 더 많은 선택권과 능동성을 발휘한다. 온라인에서 개인은 자유롭게 항해하면서 자신에게 필요한 곳을 능동적으로 찾아다니고 무한 연결이 가능한 플랫폼을 통해 타인과 직접 상호작용하며 소통할 수 있다. 시공간 경계를 넘어 무제한으로 정보를 접할 수 있는 디지털 미디어 환경에서 개인은 다채로운 정보와 관점을 만나고 오프라인에서보다 좀 더 다양한 사람들과 관계를 맺을 기회를 얻게 된 것이다. 개인은 수용자나 소비자에 머무르지 않고 생산자와 유통자로서 정보 생태계에 참여하기에 정보 환경의 다양성이 더욱 확대될 수 있다. 그러나 디지털 미디어 환경에서 이용자의 '선택성'이 자유롭게 발현됨에 따라 자신의 기존 신념이나 선호도에 일치하는 정보만 추구할 가능성도 커졌다. 즉 자신이 원하는 정보에만 주목하고 그 외 정보는 무시하는 확증편향(confirmation bias)이 강하게 작동하게 된 것이다.

확증편향에 의존할 경우 개인이 경험하는 정보와 사회 연결망의 다양성은 오히려 축소된다. 디지털 플랫폼을 통해 서로 비슷한 사람들끼리 쉽게 교류할 수 있게 되면서 생각과 신념이 다른 사람들에게는 더 단단한 벽을 쌓을 수 있기 때문이다. 결국 선택성과 능동성이 높아진 디지털 공간에서 경험의 개방성과 다양성이 확대되는 것이 아니라 오히려 폐쇄성이 높아지고 기존의 태도가 강화되는 결과가 초래될 위험성이 있다. 내 의견을 확고히 하는 것을 넘어서서 타인을 공격하고 적대시하는 감정적 극화 현상까지 발생한다.

이용자가 '선택한 노출(selective exposure)'이 아닌 '선택받은 노출(selected exposure)'에 의해서도 유사한 문제가 발생할 수 있다. "알 수 없는 알고리즘이 나를 여기로 이끌었다!"라는 표현처럼 추천 알고리즘에 대한 디지털 플랫폼 이용자들의 의존도가 높아지면서 자기 선택이 아닌 알고리즘의 선택을 따라가는 경향이 커지고 있기 때문이다. 검색 엔진, OTT 콘텐츠 큐레이션, 뉴스 추천, 소셜미디어의 친구 추천 등 다양한 플랫폼의 알고리즘은 이용자에게 맞춤형 정보와 서비스를 제공한다. 이는 대규모 이용자 정보를 분석하여 분류하고 예측하는 인공지능 기술에 기반하는데, 알고리즘은 이용자가 가장 선호할 만한 콘텐츠를 추천함으로써 플랫폼에 머무르는 시간을 최대화하는 방식으로 작동한다. 이렇듯 추천 알고리즘에 의존해서 개인화된 콘텐츠를 지속해서 소비하게 되면 어떤 결과가 나타날까? 결국 이용자들이 경험하는 정보나 관점의 범위가 자연스럽게 협소해지면서, 사회 전반의 다양한 견해를 접하지 못하고 '필터 버블(filter bubble)'이라는 울타리에 갇힐 가능성이 커진다.

여기서 '필터 버블'이란 미국의 시민운동가 일라이 퍼리저(Eli Pariser)가 2011년 제안한 개념으로, 알고리즘의 자동 필터링 때문에 플랫폼 이용자가 자기 신념에 일치하는 정보와 관점에만 반복적으로 노출되고 다른 정보와 관점으로부터는 단절되는 것을 의미한다. 예컨대 진보적 성향을 가진 페이스북 이용자의 피드에는 보수적 성향의 게시글이 거의 노출되지 않는 식이다. 자기만의 우주인 필터 버블 속에서 개인의 기존 신념은 더 굳어지고 정보의 사실성이나 의견의 균형성을 추구하려는 경향은 약해진다. 필연적

넷플릭스 다큐멘터리 영화 〈알고리즘의 편견〉(2020)

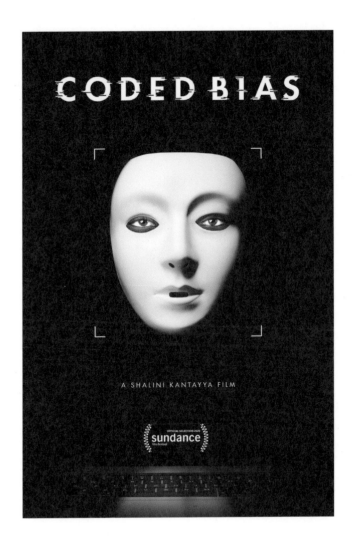

으로 허위 조작 정보, 루머, 음모론 등에 대한 저항력도 낮아진다.

알고리즘은 편향의 문제에서도 자유롭지 못하다. 넷플릭스의 다큐멘터리 영화 〈알고리즘의 편견(Coded Bias)〉(2020)은 MIT 미디어랩 연구원이 안면 인식 소프트웨어에서 이상한 점을 발견하는 이야기를 담고 있다. 안면 인식 AI는 흑인 여성 연구원의 얼굴을 인식하지 못했는데 놀랍게도 그가 흰 가면을 쓴 이후에는 사람의 얼굴로 감지했다. 빅테크 기업에서 개발한 대부분의 안면 인식 기술 역시 어두운 피부의 얼굴이나 여성의 얼굴을 정확히 분류하지 못했다. 왜 이런 일이 발생했을까? 바로 해당 알고리즘을 훈련하기 위해 사용한 데이터가 백인 남성 중심이었기 때문이다.

알고리즘은 인간이 만들어낸 데이터를 활용하여 인간이 개발하는 것이기 때문에 여러 단계에 걸쳐 다양한 유형의 편향이 개입될 수 있다. 데이터 부족과 편향성이 안면 인식 AI의 인종 편향을 만들었다면 애플의 시리, 아마존의 알렉사, 구글의 어시스턴트 등 대다수 인공지능 스피커가 여성의 목소리를 기본 값으로 설정한 것은 알고리즘 설계자의 편향이 반영된 것이라고 할 수 있다(한애라, 2019). 마이크로소프트사(MS)의 인공지능 챗봇 테이나 국내 스타트업이 개발한 챗봇 이루다는 출시 후 이용자와의 상호작용 과정에서 여성, 특정 인종, 성 소수자 등에 대한 차별과 혐오 표현을 학습하게 된 경우다.

인공지능에 기반한 알고리즘이 다양성 위기를 초래할 수 있음을 보여주는 사례는 셀 수 없이 많다. 자칫 '기계는 중립적이고 공정할 것'이라고 기대하기 쉽지만, 그 역시 인간과 사회의 편향에서 벗어나지 못한다는 것을 알 수 있다. 알고리즘은 보이지 않는 곳에서 작동하지만, 우리 일상과 사회의 다양한 영역에서 거대한 영향을 미친다. 알고리즘의 작동 원리, 특히 다양성을 저해할 수 있는 알고리즘의 편향성에 경각심을 가져야 하는 이유다.

미디어 이용자는 무엇을 해야 할까
— 다양성의 유용성과 가치 이해하기

지금까지 미디어가 사회 구성원의 다양성 경험, 인식 및 태도에 작동하는 방식, 특히 다양성의 지평을 제한하고 저해하는 방식을 살펴보았다. 그렇다면 미디어 이용자는 이러한 상황에 어떻게 대응해야 할까? 그 첫 출발은 아마도 '다양성'이 나에게, 우리에게, 그리고 사회 전체에 왜 중요한지를 이해하는 데서 시작될 것이다.

사실 다양성은 멋있거나 올바르기 때문만이 아니라 우리 삶과 사회에 꼭 필요하고 필수적이기 때문에 존중해야 하는 가치다. 구성원이 차별에 주눅 들거나 고정관념과 편견에 갇히지 않고 자유롭게 역량을 키우고 발휘하는 것은 공동체 전체를 위해서도 유익한 일이다. 그로 인해 많은 경제적, 문화적, 정치적인 혜택과 성과를 창출할 수 있기 때문이다. 다양한 사람과 사고방식을 경험하는 일은 개인의 성장과 성공에도 도움이 된다. 다양한 경험은 생각의 지평을 넓고 깊게 하며 창의적 사고의 원천이 되기 때문이다. 다양성이 상수가 되는 사회에서 기업을 비롯한 모든 조직이 필요로 하는 인재는 나와 결이 다른 사람과 소통하고 협력하며 문제를 해결하는 역량을 갖춘 사람이다. 더 정의롭고 유능한 인재로 성장하기 위해서, 그리고 함께 지속 가능한 공동체를 만들기 위해서 다양성은 반드시 필요한 가치이자 자산이다.

　다양성의 유용성을 이해하고 다양성의 가치에 공감하는 것을 전제로 할 때 미디어 이용자는 어떤 실천을 할 수 있을까? 첫째, 이용자는 '차이'를 이유로 사람들 사이에 위계를 만들거나 차별을 정당화하는 미디어 메시지를 분별하고 비판할 수 있는 미디어 리터러시(media literacy)를 키워야 한다. 특히 뉴스, 드라마, 예능, 노래 가사, SNS 게시글, 댓글 등 다양한 형태의 미디어가 매개하는 혐오 표현을 발견하고 비판할 수 있는 감수성과 역량을 갖출 필요가 있다. 혐오 표현은 고정관념이나 왜곡된 정보에 기반하여 특정 집단에 모욕, 비하, 멸시, 위협 등을 가하는 언어다. 특히 사회적 약자를 낙인찍으며 차별을 정당화하는 역할을 한다. 그러므로 혐오 표현은 표현의 자유로 보호될 수 없으며 때로는 법적 처벌의 대상이 된다. 혐오 표현은 혐오감을 표출하는 개인의 감정적이고 극단적인 행위에 그치는 것이 아니라 불평등과 차별을 반영하고 재생산하는 도구다.

　우리는 누구나 어떤 측면에서는 다수자의 입장에 서지만 또 다른 상황에서는 소수자의 입장에 처하게 된다. 코로나19로 민감했던 시기, 어쩌면 우리는 한국인의 시선에서 외국인에게 원인 모를 불편한 감정을 느끼거나 그들을 향한 혐오 표현을 묵인했을 수도 있다. 그러나 입장을 바꿔 우리가 외국 여행 중 아시아인이라는 이유만으로 혐오 발언이나 공격의 대상이 된다면 그것을 아무렇지도 않게 받아들일 수 있을까? 이러한 상호성을 인식할 때 우리는 타인의 상황과 생각을 좀 더 잘 이해하게 되며 소수자를 향한 혐오나 차별적 언어가 그들에게 얼마나 큰 상처가 되며 부당한 일인지 공감할 수 있다. 명시적인 혐오 표현만이 아니라 미디어가 관행적으로 사용하는 차별적 표현에도 우리는 좀 더 민감해질 필요가 있다. '결정 장애', '자폐적 사고', '미혼모', '블랙리스트' 등 미디어에 자주 등장하지만 특정 집단을 상대로 한 편견을 암묵적으로 함축한 용어와 표현은 미세하지만 치명적인 공격이 될 수 있기 때문이다.

디지털 플랫폼에서 우리는 정보 생산자로서 미디어 생태계에 직접 참여하기도 한다. 이때에도 좀 더 포용적이고 중립적인 언어로 콘텐츠를 생산하고 전달하려는 의지와 능력이 중요하다. 결국 미디어 이용자이자 생산자로서 꼭 필요한 역량인 미디어 리터러시는 차이를 존중하고 차별을 반대하는 '다양성 감수성'을 키우는 일과 밀접히 연관돼 있다.

둘째, 미디어 이용자는 확증편향의 오류와 부작용을 성찰할 수 있어야 한다. 디지털 미디어 환경에서는 내 목소리만이 반사되어 들리는 반향실(echo chamber)에 갇히기 쉬우므로 타인의 감정과 상황에 자칫 무관심해지거나 냉담해질 수 있다. 상대를 자세히 알거나 직접 소통하기도 전에 고정관념이나 편견으로 잘못된 인식을 굳히고, 온라인에서 파급되는 허위 조작 정보를 받아들이는 경우도 적지 않다. 이러한 오류에 빠지지 않으려면 어떻게 해야 할까? 우리는 어떤 대상, 특히 낯선 대상에 최대한 다면적인 접근을 할 필요가 있다. 정보의 균형성을 확보하기 위해서는 가능한 한 다양한 출처에서 정보를 확인해야 한다. 내가 얼마나 자주 '나를 불편하게 하는 내용'을 접하고 있는지를 점검하며 자기 자신에게 다양하고 균형 있는 정보 환경을 선물해야 한다.

어떤 대상을 하나의 범주로만 규정하지 않고 그것의 다면적인 속성을 찾고자 노력한다면 어느 지점에서든 나와의 공통점을 발견하며 이해와 소통의 물꼬를 틀 수 있다. 독일 시사주간지《디 차이트(Die Zeit)》가 수행한〈독일이 말한다(Deutschland Spricht)〉프로젝트가 대표적 사례다. 정파적으로 양극단에 서 있던 사람들이 직접 대면하여 대화를 나눈 결과 고정관념을 허물고 서로의 공통점을 발견하며 생각의 차이도 좁힐 수 있었다고 한다(안선희, 2021). 하나의 기준에서만 고집스럽게 세상과 타인을 구별 짓고 판단하려 하지만 않는다면, 우리는 디지털 미디어 환경에서 폭넓은 정보와 관점을 접하고 더욱더 다양한 사람을 만나는 기회를 얻을 수 있다.

셋째, 디지털 플랫폼 알고리즘의 작동 원리를 묻고 '설명 들을 권리'를 주장해야 한다. 앞에서 언급했듯이, 디지털 플랫폼 이용이 일상화하면서 알고리즘 의존도도 점차 높아지고 있다. 알고리즘은 각종 디지털 미디어를 매개로 우리 의사 결정에 강력한 영향을 미치지만, 그 작동 원리는 대부분 투명하게 공개되지 않는다. 선행 연구(Epstein & Robertson, 2015)에 따르면, 포털의 검색 알고리즘이 선거 후보자를 어떤 순서로 보여주느냐는 중립적 유권자의 후보 선택에 큰 영향을 미친다. 즉 어떤 후보가 첫 페이지에 노출되느냐에 따라 부동층의 투표 방향이 바뀔 수 있다는 의미다. 그러나 검색 알고리즘의 편향 가능성을 인지한 사람들 사이에서는 이러한 효과가 큰 폭으로 줄어든다. '기계가 분류한 것이니 중립적이고 공정할 것'이라는 고정관념에서 벗어나 알고리즘의 편향 가능성을 의심해볼 때 알고리즘이 내 생각에 경계를 만들고, 내 결정에 영향을 미치고, 내 행동의 경로를 만드는 효과를 큰 폭으로 줄일 수 있다.

오늘날 디지털 미디어 기업은 알고리즘의 공정성을 높이기 위해 여러 방안을 도입하고 있다. 이용자 역시 인간과 조직의 편향이 개입될 여지가 큰 알고리즘의 속성을 이해하고 자신이 이용하는 미디어 서비스에 어떤 알고리즘이 적용되는지에 대해 '설명 들을 권리'를 주장해야 한다. 세세한 기술적 지식이 아니라 몇 가지 알고리즘 작동 원리 설명을 듣고 이해하는 것만으로도 이용자는 충분한 비판 의식을 가질 수 있다. 이용자 스스로 어떤 동영상, 광고, 뉴스 기사, 검색 결과 등이 먼저 추천되는지, 혹은 어떤 정보는 왜 뒤로 밀리거나 아예 눈에 띄지조차 않는지 의문을 품는 일만으로도 알고리즘에 내재한 편향성이나 필터 버블 효과를 대폭 줄일 수 있다. 때로는 '자동 추천 기능'을 완전히 끄고 내가 갈 길을 스스로 만들어보는 노력도 필요하겠다.

다양성 사회를 위한 미디어의 역할

그렇다면 다양성 가치를 존중하고 포용하는 사회를 만들기 위해 미디어는 어떤 역할을 해야 할까? 무엇보다 미디어는 일부가 아닌 사회 전체를 반영하는 이야기를 전달해야 하며, 다양성이 갈등과 소모적인 비용을 발생시키는 것이 아니라 긍정적인 결과를 낳을 수 있다는 점을 조명해야 한다. 이를 위해 다음의 두 가지를 강조하고 싶다.

첫째, 다양성은 미디어 기업의 핵심 경영 철학이자 콘텐츠 전략이 되어야 한다. 미디어가 생산하고 유통하는 모든 콘텐츠에 다양성 가치를 결합하는 것은 이제는 선택이 아닌 필수 전략이다. 실제로 다양성, 형평성, 포용성(Diversity, Equity, & Inclusion, DEI)은 최근 미디어와 엔터테인먼트 산업에서 중요한 이슈로 조명받고 있다. 앞서 얘기한 대로, 다양성을 지향하는 이유는 그것이 올바른 일이기 때문만은 아니다. 현재 사회의 다양한 모습을 포괄적으로 대표하는 것이 미디어 기업의 수익, 즉 경제적 성과와도 연결되기 때문이다. 다양성이 부족한 콘텐츠는 결국 미디어 시장에서 외면받을 수밖에 없는데, 이는 실제 구매 능력을 갖춘 소비자의 다양성을 반영하지 못하기 때문이다. 다양성에 포용적인 미디어가 더 광범위한 소비자에게 구매 동기를 유발할 가능성이 크다는 의미다.

둘째, 미디어, 그중에서도 특히 뉴스 미디어는 다양한 의견을 매개하고 중재하는 플랫폼이 되어야 한다. 뉴스는 공동체에 대한 스토리텔링이다. 뉴스는 사회 구성원이 주고받는 일상적 이야기의 중요한 원천이므로 그 품질은 시민 간 소통의 질에도 심대한 영향을 끼친다. 좋은 뉴스 기사가 높은 품질의 댓글과 토론으로 이어지는 선순환이 만들어지기 위해서는 뉴스 자체에서 풍부한 사실적 근거와 합리적인 논거가 제시되어야 한다. 특히 갈등 이슈에 대해서는 관련된 주체가 왜 그러한 입장에 서는지 그 이유가 충분히 설명되어야 한다.

갈등 이슈 보도는 복합적인 관점을 전달해야 한다. 예컨대 언론 보도가 보수냐 진보냐 식의 이분법으로만 논쟁을 단순화한다면 이를 접하는 시민 역시 둘로 나뉘어 진지한 대화가 시작되기도 전에 대립 구도가 만들어지고 반목 정서가 조성될 위험성이 있다. 그러나 미디어가 하나의 사안을 바라보는 관점이 다채로울 수 있고 그 근거도 다양하다는 것을 전달한다면 차이는 '대립'의 이유가 아니라 '토론'의 필요성이 되고 '배움'과 '이해'의 대상이 될 수 있다.

저널리즘은 갈등을 자극적으로 부각하거나 이분법적 극화를 부추기는 대신 다양한 의견을 가진 집단의 소통을 돕고 매개하는 플랫폼의 위상을 정립해야 한다. 이럴 때만이 저널리즘은 필터 버블 밖으로 사람들을 나오게 할 수 있으며, 경계를 넘어 대화하는 다양성 사회의 시민문화를 만드는 데에 기여할 수 있을 것이다.

참고문헌

김민주 (2022. 9. 8). 시사보도 프로그램에서 사라진 여성들... 남성 출연자 4배 많아. 〈여성신문〉.
Retrieved 8/25/2023 from https://www.womennews.co.kr/news/articleView.html?idxno=227757

김승섭 (2022). 타인의 고통에 응답하는 공부. 〈Diversitas〉, 28호, 8-82.

김찬중 (2019). 외국인 이주민에 대한 뉴스 보도가 혐오에 미치는 효과 연구: 위협 보도와 온정주의 보도를 중심으로. 〈한국방송학보〉, 33권 5호, 31-60.

박상조·박승관 (2016). 외국인 범죄에 대한 언론 보도가 외국인 우범자 인식의 형성에 미치는 영향. 〈한국언론학보〉, 60권 3호, 145-177.

박주현 (2020). 언론의 이념성향에 따른 '코로나19' 보도 프레임 비교 연구. 〈한국언론학보〉, 64권 4호, 40-85.

박지훈 (2021). 성소수자의 권리: TV가 재현하는 성소수자. 〈Diversitas〉, 11호, 31-57.

손달임 (2020). 코로나19 관련 뉴스 보도의 언어 분석: 헤드라인에 반영된 공포와 혐오를 중심으로. 〈이화어문논집〉, 51권, 137-166.

안선희 (2021. 5. 14). 혐오 이기는 것은 논리 아닌 접촉이다. 〈한겨레〉. Retrieved 8/25/2023 from https://www.hani.co.kr/arti/culture/book/995191.html

정의철 (2021). 감염병 위기 속 '시민됨'에 대한 인문사회과학적 성찰: 불평등에 맞선 '보건소통 연구'의 역할 탐색. 〈커뮤니케이션 이론〉, 17권 2호, 171-222.

한애라 (2019). 인공지능과 젠더차별. 〈이화젠더법학〉, 11권 2호, 1-39.

Epstein, R., & Robertson, R. E. (2015). The search engine manipulation effect (SEME) and its possible impact on the outcomes of elections. PNAS, 112(33), E4512-E4521.

Smith, S. L., Pieper, K., & Wheeler, S. (2023, August). Inequality in 1,600 popular films: Examining portrayals of gender, race/ethnicity, LGBTQ+ & disability from 2007 to 2022. USC Annenberg Inclusion Report. Retrieved 8/25/2023 from https://assets.uscannenberg.org/docs/aii-inequality-in-1600-popular-films-20230811.pdf

Smith, S. L., Pieper, K., Wheeler, S., & Neff, K. (2023, April). Inclusion in Netflix original U.S. scripted series & films. USC Annenberg Inclusion Report. Retrieved 8/25/2023 from https://assets.uscannenberg.org/docs/aii-netflix-2023-04-24-full-report.pdf

lecture
05

신은 왜
인간에게
혐오를 가르쳤나

김학철

연세대학교 학부대학 교수

초월을 향하는
인류의 본능

생존 너머를 향하여

어느 날 갑자기 무인도에 갇히게 된다면 무엇을 먼저 해야 할까? 이는 전 세계적으로 크게 흥행한 영화 〈캐스트 어웨이(Cast Away)〉(2000)의 주인공이 직면한 절체절명의 상황이었다. 그는 세계 최대 물류 기업에서 분과 초를 다투며 바쁘게 지내다가 불의의 사고로 무인도에 고립된 절망적인 처지가 되었다. 재난 관리 전문가들은 이런 상황에서 '안전한 피난처'를 찾는 일이 무엇보다 시급하다고 말한다. 그런 다음 오염되지 않은 깨끗한 물과 식량, 외부 환경으로부터 몸을 보호할 옷가지를 구하는 일이 중요하다고 조언한다. 안전한 피난처, 깨끗한 물과 식량, 몸을 보호할 옷가지만으로 충분할까? 그렇지 않다. 이런 생필품 못지않게 중요한 것이 하나 더 있다. 그것은 서로 이야기를 나누고 함께 기뻐하고 슬퍼할 '친구'나 '동료'다.

물살에 떠내려온 택배 박스에 들어 있던 배구공에 주인공의 피가 묻는 일이 발생한다. 그는 자기 피가 묻은 배구공이 사람의 얼굴을 닮은 것을 발견하고 눈과 코와 입을 그려 넣는다. 그러고는 배구공에 '윌슨'이라는 이름을 지어준다. 무인도에 고립되어 의지할 사람 하나 없는 주인공에게 '친구'가 생기는 감동적인(?!) 순간이다. 떠내려온 배구공에 그려 넣은 얼굴을 가진 하잘것없는 존재라도 그에게는 소중한 '친구'가 된다.

부족하지만 옷과 음식과 집에 더해 친구까지 얻게 되었다. 그러나 주인공은 무인도에서 목숨을 걸고 탈출을 시도하기로 한다. 애초 무인도에서 그는 생존을 목표로 했고, 그 목표는 달성되었다. 목표가 달성된 지금 그곳을 벗어나려는 계획은 도리어 생존 가능성을 낮출 수 있다. 한번 계산해보자. 무인도는 생존을 위한 기본 조건인 마실 물과 식량, 몸을 보호해주는 옷가지와 피난처인 집이 있다. 익숙하고 또 나름 정을 붙인 '윌슨'도 있다. 그에 반해 그가 무인도에서 탈출을 시도하는 순간부터 생존 확률은 크게 떨어진다. 자신이 표류하여 도착한 무인도와 사람이 사는 곳 사이 거리도 모르고, 자신의 뗏목이 평소 배가 자주 다니는 곳을 지날지 아닐지 알 수 없다.

만약 무인도에서 탈출할 것인가, 아니면 그대로 남아서 구조를 기다릴 것인가를 묻는다면 대다수 사람은 생존 가능성이 큰 쪽을 선택하려고 할 것이다. 그러나 무인도에 머무르기로 마음먹은 사람이라 할지라도 영화의 주인공이 그 섬에서 탈출할 계획을 세우고 실행에 옮길 때 그 계획이 성공하기를 진심으로 바라고 응원하지 않을까. 그렇다면 주인공은 왜 위험을 무릅쓰고 무인도에서 탈출하고 싶어 할까? '진짜' 인생, 즉 그저 목숨을 연명하는 삶이 아닌 '의미 있는 삶'을 살고 싶기 때문일 것이다. 의미와 가치를 구현하고 살아야 할 곳을 꿈꾸기에 그는 생존이 보장된 그 섬에서 탈출하고자 한다. 나는 주인공의 탈출을 '사람됨을 실현하려는 인간 욕망에 대한 은유'로 읽는다. 인간의 본성은 그저 생존하는 삶, 그냥저냥 살아가는 인생을 지향하지 않는다. 인간의 본성은 '섬 안'에 하릴없이 머무르며 안주하지 않고 '섬 밖'으로 용기 있게 나가 진정한 삶을 살고 싶어 한다.

위 이야기와 비슷한 맥락의 에피소드를 하나 더 들어보자. 얼마 전 신문 기사에서 읽은 우주여행에 관한 내용이다. 이 기사에 따르면, 네 사람이 왕복 우주여행을 다녀왔는데 여행에 들어간 비용이 한 사람당 자그마치 700억 원이었다고 한다. 천문학적인 비용도 비용이지만, 왕복 우주여행을 다녀오기 위해서는 최소 한 달 정도의 시간을 들여 고도의 훈련을 받아야 한다. 나아가 그들은 목숨의 위험 역시 감수해야 한다. 해당 분야 최고의 전문가 집단이 우주선을 제작하고 운영에 참여하지만 우리는 발사체가 적지 않게 실패하곤 한다는 뉴스를 접한다. 의문이 들지 않을 수 없다. 그들은 왜 엄청난 비용에 고된 훈련, 죽음의 위험을 감수하면서까지 우주여행을 하고 싶은 것일까? 700억 원이라는 거금을 여행 비용으로 사용할 수 있는 사람이라면 상당한 자산가일 게 분명하다. 그런 그들에게 지구는 〈캐스트 어웨이〉의 '무인도'하고는 비교할 수 없을 정도로 풍요로우면서 안락한 곳일 텐데, 그런 엄청난 비용과 위험을 기꺼이 감수하니 말이다. 그들은 무엇인가 새로운 경험을 하고 싶었던 것일까? 그렇다면 그들이 '진정으로 경험'하고 싶었던 것은 무엇일까?

괴베클리 테페와 호모 렐리기오수스

생존과 풍요는 인류가 원하는 두 가지 삶의 조건이다. 그런데 인류는 거기에 만족하여 머물지 않는다. 현재까지 과학적 결론에 따르면 '슬기로운 인간'이라는 의미의 호모 사피엔스를 다른 유인원과 구분하는 가장 큰 특징은 감각되는 자연 세계를 넘어선 초월적인 힘과 존재, 그리고 세계를 향한 열망을 품어왔다는 것이다. 호모 사피엔스의 그런 열망을 잘 드러낸 유물이 전 세계 곳곳에 있는데 대표적으로 튀르키예의 괴베클리 테페(Göbekli Tepe)를 꼽을 수 있다. 괴베클리 테페는 토기가 존재하지 않던 1만 2,000년 전 신석기 시대 유적이다. 토기 없는 신석기 시대란 한마디로 '인류가 그릇에 음식을 담아 먹기 전 시대'라고 말할 수 있다. 이 시대 사람들은 식기를 사용하기도 전 거대한 돌에 다양한 문양을 새겨 건축물

괴베클리 테페

을 지은 셈이다. 그들은 수렵 채집으로 생계를 이어가고, 돌을 깨고 다듬어 도구로 사용했다.

신석기 시대 인류는 역사상 최초로 농사를 짓기 시작했다. 그러나 대다수는 여전히 수렵과 채집으로 목숨을 지탱했다. 괴베클리 테페는 이런 시대를 살다 간 인류가 창조해낸 걸작이자 귀중한 문화유산이다. 발굴이 진행되는 과정에 이곳에서 높이 6미터, 무게 20톤에 달하는 거대한 돌이 200개 넘게 발견되었다. T자 모양 거석 10~12개가 모여 이루는 타원형 터가 20여 개에 달한다. 괴베클리 테페 유적 발굴을 진두지휘한 독일 고고학자 클라우스 슈미트(Klaus Schmidt)는 다양한 증거를 토대로 1만 2,000여 년 전 당시 괴베클리 테페로부터 최대 150킬로미터 떨어진 먼 곳에서도 사람들이 그곳을 찾아왔다고 주장했다. 이 유적의 정체는 무엇일까? 혹시 인류가 최초로 정착해 건설한 고대 도시가 아닐까? 오랜 연구 끝에 학자들은 이곳이 도시가 아닐 뿐 아니라 사람이 살던 집터도 아니라고 결론 내렸다. 슈미트는 그것을 '신전'이라고 밝히며 이렇게 말했다. "신전이 먼저 세워졌고, 그다음 도시가 건설되었습니다." 신, 혹은 인간을 초월하는 존재를 섬기기 위해 혹은 그러한 존재와 접촉하기 위해 낮은 생산성을 벗어나지 못하던 신석기 시대 사람들은 생계의 위협을 무릅썼다. 이는 오랫동안 통용되어온 상식을 뒤집었다. 인간은 생존만큼이나 초월적 존재 혹은 세계를 간절히 욕망한 것이다.

먹을거리가 풍부하고 물질문명이 고도로 발달한 21세기에도 인

세계 종교인 수 추이

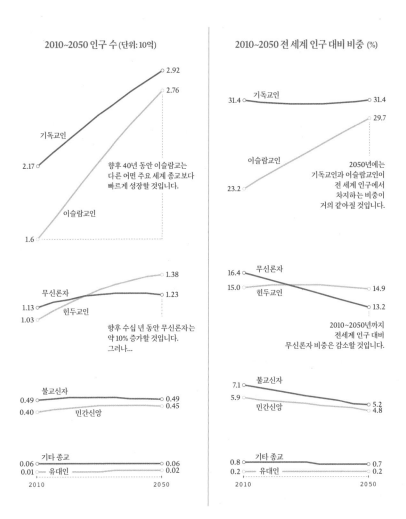

2010~2050 인구 수 (단위: 10억)

2.92
2.76
2.17
1.6

기독교인
이슬람교인

향후 40년 동안 이슬람교는
다른 어떤 주요 세계 종교보다
빠르게 성장할 것입니다.

1.38
1.23
1.13
1.03

무신론자
힌두교인

향후 수십 년 동안 무신론자는
약 10% 증가할 것입니다.
그러나...

0.49   0.49
0.40   0.45

불교신자
민간신앙

0.06   0.06
0.01   0.02

기타 종교
유대인

2010   2050

2010~2050 전 세계 인구 대비 비중 (%)

31.4   31.4
29.7
23.2

기독교인
이슬람교인

2050년에는
기독교인과 이슬람교인이
전 세계 인구에서
차지하는 비중이
거의 같아질 것입니다.

16.4
15.0   14.9
13.2

무신론자
힌두교인

2010~2050년까지
전세계 인구 대비
무신론자 비중은 감소할 것입니다.

7.1
5.9   5.2
4.8

불교신자
민간신앙

0.8   0.7
0.2   0.2

기타 종교
유대인

2010   2050

(출처: The Future of World Religions: Population Growth Projections 2010~2050, Pew Research Center)

류는 생존을 위해 날마다 피땀 흘려 일을 한다. 1만 2,000년 전 신석기인의 삶은 분명 우리 현대인보다 고되고 힘들었을 것이다. 생존 자체가 녹록지 않던 신석기인이 한 장소에 모여서 당장 먹고사는 일과 직접적인 관련이 없는 어마어마한 건축물을 지으려 한다. 이와 관련해 인간 내면에 '초월을 향한 열망'이 있다는 설명 외에 다른 대안은 아직 마땅해 보이지 않는다. 이를 두고 종교학자들은 호모 사피엔스는 본디 '호모 렐리기오수스(homo religious)', 곧 '종교적 인간'이라고 주장한다. 태곳적부터 인류는 생존과 풍요에 대한 욕망과 더불어 초월적인 힘과 존재, 그리고 세계를 향한 열망을 품어왔다. 오늘날에도 인류는 여전히 초월을 향한 강렬한 열망을 품고 있다.

통계학자들은 2050년에도 전 세계 인구의 85퍼센트 정도는 종교인일 것으로 예측한다(퓨 리서치 센터 자료 참조). 1만 2,000년 전 신석기인과 다를 바 없이 현대인도 지금 자신이 발을 딛고 서 있는 세상과 전혀 다른 세계, 전혀 다른 차원을 향한 동경과 열망을 품고 있다. 그런 맥락에서 괴베클리 테페는 물론이고 교회, 성당, 사찰, 모스크 등의 종교 건축물은 단순히 사람들의 모임을 위한 장소가 아니다. 종교 건축물은 인간에게 두 가지 세계가 존재한다는 것을 알려준다. 한 세계는 우리가 발을 딛고 서로 부대끼며 살아가는 일상적 세계이고, 다른 하나는 비일상적 세계다. 교회, 성당, 사찰, 모스크 같은 종교 건축물은 이런 비일상적 세계를 상징적으로 드러낸다.

석굴암, 성과 속 그리고 경계

우리나라 불교 문화재 가운데 가장 대표적인 것으로 손꼽히는 석굴암의 구조를 살펴보면 일상 세계와 비일상 세계가 어떤 것인지 명확히 알 수 있다. 석굴암 안으로 들어서면 우선 네모난 모양의 '전실(前室)'을 만난다. 이곳은 인간이 머무는 일상 공간을 상징한다. 동서양을 막론하고 고대에는 거의 예외 없이 땅을 네모로 표현했다. 이 전실은 일상 세계이지만 이곳에도 불교의 수호신 격인 팔부중상(八部衆像)이 새겨져 있다. 이는 아마도 일상의 영역이라고 해서 일상의 존재만 있는 것은 아니라는 의미일 것이다. 전실에서 부처님이 계신 주실로 들어가려면 '비도(扉道)', 곧 전실과 주실(主室)을 이어주는 길을 건너야 한다. 비도란 경계, 즉 일상과 비일상, 속(俗)의 세계와 성(聖)의 세계의 경계를 의미한다. 비도에 들어서면 비일상의 세계, 성스러운 세계를 지키며 문 앞에 서 있는 금강역사가 눈에 들어온다. 금강역사는 부리부리한 눈을 부릅뜬 채 온갖 삿된 것, 거짓된 것, 불결한 것이 들어오지 못하도록 지키며 서 있다. 여기에는 비도의 사방을 지키는 수호신, 사천왕도 있다. 그들을 지나면 본존불을 모시고·있는 주실이 나온다. 주실은 부처가 다스리는 나라 '불국(佛國)'이다. 이곳은 그야말로 비일상의 세계이고 성스러운 세계다. 이 성스러운 영역은 우리 인간이 발을 딛고 서로 부대끼며 살아가는 일상의 공간과는 전혀 다르게, 부처의 영향력으로 가득하다.

석굴암 평면도

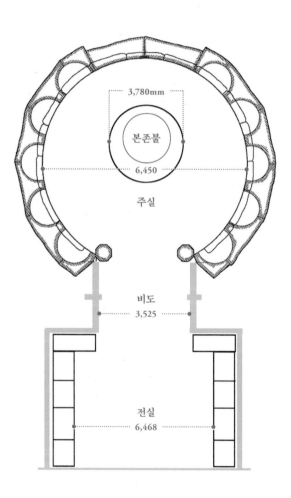

3,780mm

본존불

6,450

주실

비도

3,525

전실

6,468

이렇듯 종교 건축물은 '성스러운 세계'를 상징한다. 비도를 통해 상징적으로 보여준 것처럼 '성'과 '속'은 서로 분리돼 있으나 단절돼 있지는 않다. 서로 왕래할 수 있으며 겹치는 영역이 존재하기도 한다. 종교적 이상은 '성'과 '속'이 합일해 '속'에 속한 사람이 '성'의 세계를 경험하며 살아가는 것이다.

중요한 점은, 인간이 성의 세계로 진입하려면 비도를 지나야 한다는 것이다. 다시 말해 일상 세계에서 비일상 세계로, 속에 속한 사람이 성의 세계로 나아가기 위해서는 반드시 비도라는 경계를 넘어야 한다. 비도를 넘어서기 위해서는 거쳐야 할 절차가 있고 갖춰야 할 자격이 있다. 바로 여기에서 핵심적인 종교 개념이 생겨난다. 그것은 바로 '정결함'과 '부정함'의 개념이다. 성스러운 세계로 들어가고자 하는 사람은 그 세계에 합당한 존재가 되어야 하며, 정결하고 거룩한 상태를 유지한 채 성의 세계와 교류해야 한다. 그렇지 않으면 그는 재앙을 당하게 된다. 따라서 성의 세계를 맞이하려는 사람은 규정을 따라 그 세계에 걸맞은 몸과 마음 등을 준비해야 한다. 종교에서 말하는 정결함과 부정함의 개념은 이러한 배경에서 탄생했다.

정결과 부정
─윤리, 그리고 혐오

이스라엘 종교의 정결과 부정

이제부터 여러 종교 가운데 현재 세상에서 가장 크고 영향력 있
는 종교인 그리스도교에 집중하고자 한다. 그리스도교는 고대 이
스라엘 종교와 유대교에서 유래한 종교이니 이스라엘 종교의 정
결함과 부정함에 관한 이야기로 시작하는 것이 자연스러울 것 같
다. 고대 이스라엘 종교는 성과 속 모두의 주인인 야훼가 진정한
창조자이자 보호자이고 구원자이며 역사의 주권자라고 믿는다.
이스라엘 사람들은 전지전능의 신 야훼가 생존과 풍요를 약속해
주었으며 가치 있는 삶을 살게 해줄 것으로 믿었다. 그런 까닭에
그들은 야훼가 언제나 자신과 함께하기를 간절히 원했고, 야훼가
드러내 보여주는 영광, 곧 그의 계획과 선한 통치가 속의 세계에서
온전히 구현되어야 한다고 생각했다. 야훼는 자신의 영광에 그의
백성인 이스라엘이 참여할 것을 요청하면서 이렇게 명령했다.

"내가 거룩하니 너희도 거룩하라."(「레위기」19장 2절)

여기서 '거룩하다'라는 말은 기본적으로 '일상과의 분리'를 뜻한다. 즉 형식 면에서는 일상을 포괄하지만 내용 면에서는 일상과 분리된 무엇을 가리킨다. 추석, 설 등 명절 차례상 차리는 일을 떠올려보자. 차례상에는 보기도 좋고 맛도 좋은 음식이 가득 올라온다. 평소 같으면 우리는 상 앞으로 달려가 차려진 음식을 맛있게 먹겠지만 차례 때는 그렇게 할 수 없다. 온 가족과 일가친척이 공손히 손을 모은 채 순서를 기다렸다가 차례상이 놓인 '빈 곳'을 향해 절을 한다. 이렇듯 차례상 앞에 선 사람들은 일상의 형식을 갖췄으나 비일상적으로 행동한다. 곰곰이 생각해보면 참으로 이상한 일이 아닐 수 없다. 왜냐하면 우리는 눈에 보이는 사람을 향해 절을 하지 '빈 곳'을 향해 절하지는 않기 때문이다. 또 우리가 맛있는 음식으로 밥상을 차리면 둘러앉아 밥을 먹지 그 앞에서 경건하게 손을 모으고 서 있다가 절을 하지 않는다. '차례상' 앞에서 인간의 행동은 일상의 형식을 빌리고 있지만 비일상적이다.

이스라엘 사람들은 자신들이 믿고 섬기는 신 야훼가 지구 위 인간이나 사물, 그리고 신적 존재와 근본적으로 다른 존재라고 믿었다. 그런 까닭에 야훼를 자기 일상으로 맞이하고 그와 더불어 살아가기 위해서는 야훼와 함께하기에 적합한 것, 곧 본질적으로 다른 윤리, 제사가 필요하다고 생각했다. 그들은 경전에 '야훼에게 적합한 것'을 상세히 규정하면서 그렇지 않은 것, 곧 불결하고 불순하며 거룩하지 않은 것에는 '혐오'하도록 가르친다. 혐오 감정은 '입에 닿아서는 안 될 더러운 것이 닿을 때 느끼는' 강력한 부정적 감정이다. 대다수 사람은 자기 입에 더러운 것이 닿았을 때 소스라치게 놀라며 반사적으로 재빨리 떼어내려 할 것이다. '더럽고 추한 것이 내 입에 묻었으니 건강에 좋지 않을 거야' 하고 차분하게 논리적으로 생각한 뒤 그것을 떼어내는 사람은 없다. 논리적인 판단보다는 무조건반사에 가까운 거부 반응이 행동으로 이어진다.

정결과 부정, 성과 속은 윤리를 형성하였다. 현대인은 윤리를 옳고 그름의 영역에서 사고한다. 그러나 원초적으로 윤리는 상당 부분 성과 속을 규정하는 데에서부터 자랐다. 정결함과 거룩함에 관한 규정을 어긴 사람들은 혐오의 대상으로 낙인찍힌다. 여기서 한발 더 나아가 혐오를 일으키는 대상은 거룩한 존재인 신의 명령을 따르지 않고 죄를 저질러 공동체에 피해를 주는 사람으로 받아들여져서 많은 사람에게 분노의 대상이 된다. 혐오의 대상이 신에게 진노를 사서 공동체에 해를 끼칠지 모른다고 여기기 때문이다.

이런 식의 사고에서는 어딘가에 재앙이 닥치면 분명히 누군가가 큰 죄를 지어 신의 노여움을 샀기 때문이라고 쉽게 추측하기 마련이다. 그 '누군가'라는 공란을 채울 사람으로 구체적인 인물이나 집단이 지목되면 그는 공동체 구성원에게서 심한 경멸과 조소, 차별 대우를 받게 된다. '누군가'는 이에 항변할 기회조차 얻을 수 없었다. 심한 경우 그 공동체에 속한 사람들은 그를 대놓고 '공동체의 가해자인 죄인' 취급하며 마치 입에 묻은 더러운 것을 떼어내듯 공동체 밖으로 몰아내려 하기도 했다.

거룩함과 속됨, 정결함과 불결함은 감정과 종교적 규율 속에서 강화되어 개인과 사회를 강력히 통제한다. 이것이 바로 종교에서 혐오가 탄생하고 발전하는 기원이자 원리다. 정결함과 불결함, 거룩함과 속됨을 구분하는 일과 이러한 구분이 유발하는 부정적 감정에는 순기능과 역기능이 모두 있다. 혐오 자체만 놓고 생각해보자. 더러운 것이 입에 묻었을 때 우리는 그것을 재빨리 떼어내려고 하고 또 그래야 한다. 병균을 옮길 위험성이 있는 오염된 물이나 음식은 논리적으로 생각하고 판단할 필요도 없이 신속하게 제거해야 한다. 혐오는 이렇게 인간이 살아남기 위한 필요조건이며 생존 및 번영에 도움을 준다.

혐오는 윤리와 도덕 영역 안에서도 순기능을 발휘할 수 있다. 공동체를 파괴하거나 위험에 빠뜨리려고 하는 사람이나 집단에 대응해야 하는 상황이 대표적이다. 그럴 때는 공동체에 속한 사람이라면 누구나 혐오와 분노를 무기로 단호하게 대처한다. 그렇게 하지 않으면 공동체가 심각하게 파괴되거나 자칫 붕괴할 위험성도 있기 때문이다. '병역 문제'라는 쉬운 예를 들어 생각해보자.

우리나라처럼 지정학적으로 중요한 위치를 차지하고 있어 외세 침략 위험성이 높은 나라는 '징병제'를 실시한다. 우리는 국방의 의무를 '신성한' 의무라고 부른다. 잘 알다시피 우리나라에는 '헌법이 정한 4대 의무'라는 것이 있다. 1. 국방의 의무 2. 납세의 의무 3. 교육의 의무 4. 근로의 의무가 그것이다. 흥미로운 점은 이 네 가지 국민의 의무 중에서 국방, 곧 병역의 의무에만 '신성한'이라는 형용사를 붙인다는 사실이다. 공적인 자리에서든 사적인 자리에서든 '신성한 병역의 의무'라고는 입버릇처럼 얘기하면서도 '신성한 교육의 의무'라거나 '신성한 근로의 의무'라고는 이야기하지 않는다. 공동체 구성원은 원하지 않지만, 공동체가 유지하고 발전하기 위해 필수 불가결한 네 가지 의무 중 가장 감당하기 어려운 것에 더 강력한 형용사가 붙기 마련이다. 하여 이 '신성한' 국방의 의무를 불법적으로 기피하는 사람들에 대해 우리는 납세, 교육, 근로의 의무 위반자보다 훨씬 더 강력한 사회적 처벌을 한다. 대중은 그를 혐오와 분노의 대상으로 간주하기에 그는 공적으로 용서받기도 어렵다. 그러나 그 '신성한' 병역의 의무가 모든 시대 모든 곳에서 '신성하게' 있던 것은 아니다. 사회는 형편과 상황에 따라 징병제 외에 다른 대안을 시행한다. 요즘 논의되는 모병제가 그러한 예다. 징병제는 '신성하지' 않은 것이다.

이러한 예 말고도 신의 명령으로 만들어졌으므로 절대 바뀔 수 없다고 주장하는 '신성한' 법이나 규정 역시 연구하고 분석해보면 의외로 그 토대가 탄탄하지 않다는 걸 발견할 때가 많다. 인간 사회에서 이른바 하늘이 두 쪽 나도 변하지 않는 절대적 기준 같은 것은 없다. 인도처럼 소를 신성시하는 힌두 문화권에 속한 사람의 관점으로 보면 돼지고기는 금기시하면서도 소고기를 맛있게 먹는 사람을 이해하기 어려울 것이다. 그러나 입장을 바꿔 종교적, 문화적 이유로 소고기를 먹되 돼지고기를 먹지 않는 이슬람권 사람들의 관점으로 보면 어떨까? 교통, 통신 등 과학기술 문명의 발달은 전 지구를 일일생활권으로 바꿔놓았다. 그리고 그 덕분에 오랫동안 일부 국가, 일부 사회에 속한 사람들에게 신성하고 절대적이라고 믿어져 온 것이 사실은 상대적이고, 특수하며, 역사의 산물이라는 점이 명백히 알려졌다. 지금 이곳에서 신성한 것이 다른 곳에서는 역겨운 것이 될 수 있다는 점이 '발각'된 것이다. 역사적으로 특정 지역, 특정 생활 문화권에서 생성되고 발전해온 '신성함'은 보편적이지도 절대적이지도 않다. '틀리지' 않고 '다른' 것이 존재하며, 당연한 것은 당연하지 않고 자연스러운 것은 자연스럽지 않다.

그리스도교 탄생의 배경, 1세기 유대교의 상황

앞에서 고대 이스라엘 종교를 살펴보았으니 그 연장선에서 그리스도교 이야기를 시작해보자. 그리스도교는 고대 이스라엘 종교와 1세기 유대교에 뿌리를 두고 있다. 그리스도교를 한마디로 정의하자면 예수가 '구세주', 곧 그리스도이며 이스라엘의 신 야훼가 맡긴 거룩한 일을 수행한 사람임을 믿는 종교다.

예수는 로마 제국이 지배하던 팔레스타인에서 태어났다. 유대 나라는 기원전 587/586년 무렵 네부카드네자르 2세가 다스리는 신바빌로니아 제국에 의해 멸망했다. 그 후 유대인은 페르시아 제국과 알렉산드로스 대왕이 건설한 헬레니즘 제국의 지배를 받았고, 잠시 독립했다가 다시 로마 제국의 지배를 받았다. 당시 유대 민중은 오랫동안 식민지 지배를 받으며 중앙의 통치자와 그들에게

빌붙어 자신들을 못살게 괴롭히는 동족 지도자에 의해 이중 삼중의 고통을 받고 있었다. 팔레스타인의 산업 생산력은 그리 크지 않아 대다수 민중이 극심한 빈곤에 허덕이고 있었다. 학자들은 당시 팔레스타인 지역에 거주하는 사람의 90퍼센트 넘는 이들이 하루에 한 끼 먹기가 어려운 절대 빈곤에 처해 있었다고 추정한다. 이때 유대인에게 영향력을 미치며 활동하던 네 그룹이 있었다.

첫 번째 그룹은 '사두개파'로 불리는 이들이다. 이들은 로마 제국의 지배 체제에 순응하며 적극적으로 부역하는 사람들로, 주어진 현실을 변경하기보다는 적응하는 길을 택했다. 그들은 현실적인 이익을 추구하는 데에 부끄러움을 느끼지 않았다. 우리나라의 일제 강점기에 비유하자면 친일 지도층 세력이라고 할 수 있다.

두 번째 그룹은 '바리새파' 사람들이다. 역시 일제 강점기에 비유하자면, 민족주의 운동에 투신한 사람들이라고 말할 수 있다. 이들은 야훼의 통치를 간절히 바라며 유대 민족 전체가 야훼의 통치에 걸맞은 거룩한 삶을 살아야 한다고 생각했다. 이들은 일반 민중에게도 제사장에게나 어울릴 만한 정결함과 모세의 율법 준수를 요구했다. 그들은 그러한 삶을 살 때 야훼가 구원을 베푼다고 여겼다. 이러한 요구는 적지 않은 사람들에게 '그래야 하지만 잘 지킬 수 없는' 수준이었을 것이다.

세 번째 그룹은 '에세네파'인데, 이들은 부당한 현실에 분개하며 광야에 은둔했다. 에세네파 사람들은 당시 성전에서 제사와 의식을 담당하는 제사장들이 매우 타락했다고 여겼다. 한 발 더 나아가 이들은 야훼가 다스리는 세상에서 진정한 제사장은 자신들뿐이라고 주장하며 정결 의식을 철저히 지키려고 노력했다. 일제 강점기에 비유하면, 조선 땅을 떠나 은둔하며 실력을 기르려던 집단과의 유사성이 있다.

네 번째 그룹은 '제4의 철학'이라는 이름으로 불리던 사람들인데, 이들은 로마 지배 체제를 단호히 거부하며 끈질긴 항쟁을 계속한 이들이다. 기원후 67~70년에 발발한 대규모 대로마 전쟁은 이들이 일으킨 항쟁이었는데, 결국 실패로 끝났다.

로마 제국의 식민지로 전락한 팔레스타인 지역을 이끌려 했던 네 그룹 중 사두개파를 제외한 세 그룹은 대체로 강력한 지배 세력인 로마 제국은 물론이고 유대인 이외의 다른 민족을 정결하지 않다고 간주하고 은연 중에 혹은 노골적으로 혐오하며 기피했다. 팔레스타인에 사는 유대인은 외국인에게 농기구조차 빌려 쓰지 말라고 권고받았다. 외국인이 자신들과 달리 부정하기 때문에 그들이 사용하는 물건이나 도구 또한 불결하며, 그것을 사용하는 순간 자신도 불결해지고 죄를 짓게 된다고 여긴 까닭이었다. 이것은 이른바 '저항적 민족주의'의 한 형태로 볼 수 있다. 우리와 너희를 구분하고, 그 차이를 극대화하여 '우리 됨'을 강화하고 너희를 '타자화'하는 것이다. 이런 상황에서 타자화된 '너희'와 접촉하고 연계하려는 이들은 공동체에 '부정함'을 매개하는 셈이 된다.

당시 유대인의 다양한 직업 중 세금 징수업자가 있었다. 이들은 로마 제국의 식민 지배 체제 아래에서 지배자인 로마를 위해 동족인 유대인에게서 세금을 걷어 바치는 일을 하였다. 제국으로부터 급여를 받지 못한 세금 징수업자는 부과된 세금에 자신의 몫을 붙여 '세금' 형태로 걷었기 때문에 이들을 향한 유대인의 원망이 매우 높았다. 세금 징수업자는 외국인 압제자를 위해 동족을 착취하는 이들이었고 외국인과 접촉하는 불결한 이들이었다고 비난받았다. 많은 유대인이 이들에게 경멸과 혐오, 분노를 퍼붓는 것은 당연했다. 다시 우리나라 일제 강점기에 비유해보면, 그들은 '조선인 출신 일본 순사'와 비슷하다고 할 수 있다. 그러나 제국을 뒷배로 하는 세금 징수업자에게 폭력을 행사할 수는 없는 노릇이었다. 부정과 불결함을 공동체에서 제거하고자 하는 사람들이 그들의 '정의'를 실행할 수 있는 대상은 세금 징수업자와 같은 힘 있는 사람이 아니라 자신을 방어하기 어려운 약자였다. 그들 중 여러 이유로 모세의 율법을 지킬 수 없는 이들은 '죄인'으로 규정되었다.

유대인 사회에서 사적인 처벌, 곧 공동체에서 축출하거나 사적 폭력을 행할 만한 '죄인'은 모세의 법을 어기는 여러 사람 가운데 '선정'되었다고 말하는 편이 정확할지 모른다. 말을 보태면, 사회가 당하는 고통과 좌절의 원인이 바로 그들 때문이라며 '죄인'으로 여겨 박해할 수 있는 이들은 스스로 변호하거나 죄인 규정에 맞설 힘이 없는 사람들, 곧 약자였다. 절대 빈곤의 사회에서 경제 활동이 극히 제한된 여성이 성매매에 나서면 어김없이 '죄인'이 된다. 여기저기 일거리를 찾아 경제 난민처럼 살아가는 이들은 정결 규례를 지킬 수 없어 '죄인'이 된다.

이런 상황에서 예수는 매우 놀랍게도 세금 징수업자를 자기 제자로 들였고 외국 군대 장교와 교류했으며 '죄인'과 함께 음식을 나누었다. 바리새파와 같은 이들이 가장 적극적으로 예수의 이런 행태를 비난했지만 적지 않은 유대인도 당황했을 것이다. 유대인으로 자란 예수는 왜 이런 선택을 했을까?

예수의 근본 체험과 삶
— 두려움과 혐오를 넘어서는 사랑의 실천

예수는 사람들에게 죄인으로 몰려 멸시받고 조롱받고 괴롭힘당하는 이들이 자신에게 가까이 다가오는 것을 꺼리거나 금하는 일이 없었다. 게다가 한 걸음 더 나아가 혐오와 경멸과 분노의 대상인 사람들을 '자기 제자'로 부르며 감싸 안기도 하였다. 당시의 시대 분위기를 고려하면 세금 징수업자를 제자로 부르며 포용하고 창녀 등의 죄인 취급을 당하는 여인을 이웃으로 맞아들이는 예수의 행위는 사회적으로 비난받을 가능성이 컸다. 비판자들은 그를 '세금 징수업자와 죄인의 친구'라고 불렀다. 예수는 왜 그렇게 행동했을까? 그가 그렇게 행동한 이유를 그리스도교 경전 『신약성경』을 통해 추정해볼 수 있다.

근본 체험과 감정으로서 사랑

138억 년 동안 팽창하는 어마어마한 우주의 시공간을 상상해보자. 아무리 상상력이 풍부한 사람이라도 담아내기 어려울 것이다. 상상을 하다 17세기 프랑스의 유명한 수학자이자 문필가인 블레즈 파스칼(Blaise Pascal)이 자신의 책 『팡세(Pensées)』에서 던진 질문 앞에 서보자.

"그런데 왜 하필 나는 지금 여기에 있어야 하는가?"

블레즈 파스칼은 광대한 우주의 시공간 속에 자기가 지금 여기에 있다는 사실로부터 원초적인 '두려움'을 느꼈다. 왜 하필 그곳이 아니라 이곳이고, 그때가 아니라 지금인지 아무런 실마리도 없는 거대한 시공간 속에 이렇게 자신이 존재하고 있다는 데에서 오는 그의 근원 감정이었다. 위대한 물리학자 알베르트 아인슈타인(Albert Einstein)은 우주 앞에서 '경외'를 느낀다고 말했다. 그는 "우주 만물을 알아갈수록 점점 더 두렵고 공경하는 마음을 갖게 된다"라고도 했다. 아인슈타인은 그것을 '신비'라고 부르면서 종교와 과학의 근본 감정이라고 주장했다. 그런 의미에서 자신은 '종교적 인간'이라고 고백하기도 했다. 윤동주 시인은 「서시」라는 제목의 시에서 '하늘을 우러러 근원 감정으로서 부끄러움을 느낀다'라고 했다.

예수의 근본 종교 감정, 그의 근원 체험은 그가 궁극의 존재, 곧 이스라엘의 신 야훼를 부른 호칭에서 발견할 수 있다. 그는 야훼를 부를 때마다 당대의 유대인이 일상적으로 사용하던 아람어의 '아바', 곧 '아버지'라는 호칭으로 불렀다. 아버지란 권위를 상징하는 존재인 동시에 자식들이 사랑받고 의지할 수 있는 대상이다. 예

렘브란트 판 레인 〈탕자의 귀향〉
1668년경, 캔버스에 유채, 262×205cm, 예르미타시 미술관 소장

수의 '아버지'에 관한 생각이 잘 드러난 이른바 '탕자의 비유'로 알려진 이야기가 있다. 『신약성경』의 「누가복음」 15장에 나오는 비유인데, 17세기 네덜란드 출신 화가 렘브란트 판 레인(Rembrandt Harmenszoon van Rijn)이 이 주제를 그림으로 남기도 했다. 바로 〈탕자의 귀향(Return of the Prodigal Son)〉(c.1668)이다.

〈탕자의 귀향〉에 담긴 이야기는 전혀 복잡하지 않다. 한 아버지에게 두 아들이 있었다. 그중 작은아들이 아버지 재산의 상당 부분을 유산으로 받아 처분한 돈을 챙겨서 다른 나라로 갔다가 몽땅 탕진하고 돌아온다. 그런데 그 많은 재산을 탕진하고 거지가 되어 돌아온 이기적이고 무례하고 어리석은 자식을 아버지는 아무것도 묻지 않고 따뜻하게 포용하며 받아준다. 종이나 객식구가 아닌 어엿한 가족의 일원으로 말이다. 그리고 이웃 사람들을 초청해 성대한 잔치를 벌이며 기쁨을 함께 나눈다. 그러나 이런 아버지의 행동은 장남을 화나게 했다. 큰아들은 자신이 이제껏 아버지를 한결같은 마음으로 모셨지만 별다른 보상도 없었다며 아버지를 원망하고 비난했다. 그는 집 안으로 들어오기조차 거절했다. 고대 근동 사회에서 이 두 아들의 행동은 모두 아버지에게 큰 수치를 안겨주는 행동이었다. 그런데도 무도하고 철없는 작은아들을 잔치로 맞아들인 아버지는 집 밖에 있는 큰아들에게 나아가 간절히 설득했다. 당시 그 지방의 아버지로서는 상상할 수 없는 행동이고 마음씨였다.

예수의 이 이야기는 그가 '아버지'로 표상되는 궁극적 존재를 어떻게 체험하고 어떤 신념을 지녔는지 엿보게 한다. 근원 감정으로 파스칼은 두려움을, 아인슈타인은 경외를, 윤동주는 부끄러움을 꼽았다면, 예수는 사랑을 말하는 것이다. 예수의 아버지, 곧 궁극적 존재는 사랑하고 치유하고 회복한다. 그것이 우주의 본질이며, 속성이라는 것이다. 『신약성경』「요한 1서」 4장 7~8절에 이 내용이 잘 요약돼 있다.

"사랑하는 여러분, 서로 사랑합시다. 사랑은 하나님에게서 난 것입니다. 사랑하는 사람은 다 하나님에게 났고 하나님을 압니다. 사랑하지 않는 사람은 하나님을 알지 못합니다. 하나님은 사랑이시기 때문입니다."

'사랑'이 예수와 그를 따르는 그리스도교의 중심 체험이며 가치이고, 사랑이 신의 중심에 있다. 따라서 사랑하지 않는 사람은 신을 알 수 없다. 나는 이것을 '사랑의 인식론'이라고도 부른다. 우리는 오감을 통해 사물을 인식하고 세상을 알아간다. 눈으로 보거나, 귀로 듣거나, 코로 냄새를 맡거나, 혀로 맛을 보거나, 손으로 만져봄으로써 사물을 이해하고 세상을 배워간다. 오감으로 감지한 후 뇌에서 종합하여 대상을 인식한다. 그러나 그리스도교 신앙에 따르면 우주의 궁극적 존재인 신은 사랑을 통해 인식할 수 있는 존재다. 냄새는 코로 맡고 색깔은 눈으로 보듯 신을 인식하는 것은 사랑으로 가능하다.

예수 — 난민과 방랑의 삶

두 번째 예수의 근본 체험은 '난민 체험'이다. 실제로 예수는 난민이었으며, 사실상 난민과 다름없는 삶을 살았다. 예수는 왜 난민과 다름없는 삶을 살아야 했을까? 그의 난민 체험이란 다름 아닌 '사회적 약자'로서의 경험이자 동질감이라고 할 수 있다. 즉, 당대의 억압받고 고통받는 많은 난민과 그는 하나가 되고자 했다. 좀더 정확히 말하자면, 당시 예수의 가족은 일종의 '정치적 난민'이었다.

『신약성경』「마태복음」에 따르면 '동방박사'로 널리 알려진 세 사람이 이제 곧 탄생할 예수를 찾아 경배하기 위해 예루살렘을 방문한다. 그 소식을 접한 당시 유대 지역 통치자 헤롯왕은 동방박사들이 찾는 아기 예수를 죽이기로 마음먹는다. 그는 자기 왕권을 견고하게 하려고 아들까지도 서슴없이 죽인 인물이었다. 헤롯왕은 동방박사들을 궁으로 불러 아기 예수가 태어난 곳을 알게 되면 곧바로 알려달라고 요청한다. 그러나 그들은 왕의 음흉한 속셈을 간파하고 아기 예수를 만나 경배한 뒤 그의 궁전을 피해 멀리 돌아 자기 고향으로 돌아간다.

그로부터 얼마 지나지 않아 헤롯왕은 동방박사에게 속은 사실을 알아채고는 군대를 보내 베들레헴 인근에서 그 무렵 태어난 아기들을 학살한다. 페테르 파울 루벤스(Peter Paul Rubens)는 〈영아 학살(The Massacre of the innocents)〉(1610)에서 당시의 처참한 상황을 생

페테르 파울 루벤스 〈영아 학살〉

1610년, 캔버스에 유채, 142×183cm, 온타리오 미술관 소장

조토 디 본도네 〈이집트로 피난 가는 성가족〉
1304~1306년, 프레스코, 스크로베니 예배당 소장

렘브란트 판 레인 〈이집트로 피난 가는 성가족〉
1627년, 패널에 유채, 26×24cm, 투르 미술관 소장

생생히 묘사한다. 그림을 자세히 살펴보면 잔혹하게 아이들을 살해하는 남자들과 이에 처절히 맞서는 여인들이 한데 뒤엉켜 있다. 몇몇 아이는 이미 숨을 거두었고, 살해당한 아이 앞에 넋을 놓은 여인들도 있다.

『신약성경』의 「마태복음」은 예수의 가족이 이 사실을 미리 알고 기적적으로 이집트로 망명한다고 우리에게 알려준다. 이런 맥락에서 볼 때 예수의 가족은 '정치 난민 가족'이라고 할 수 있다. 이 내용을 담은 조토 디 본도네(Giotto di Bondone)의 그림 〈이집트로 피난 가는 성가족(The Flight into Egypt)〉(1304~1306)과 렘브란트의 같은 제목의 작품을 서로 찬찬히 비교해보자. 이를 통해 우리의 고정관념과 당시의 상황을 좀 더 명확히 알 수 있다. 조토는 마리아와 아기 예수의 피난 장면을 마치 귀족의 행차 같은 느낌으로 묘사한다. 말하자면 이 그림은 우리의 고정관념을 반영하고 있다. 그러나 렘브란트의 그림은 실제 피난 가족의 모습과 좀 더 유사하다. 조토의 그림이 아기 예수와 마리아, 그리고 요셉의 기품을 드러내 보여주는 일에 집중하는 데 반해 렘브란트의 그림은 정치 난민으로서 아기 예수 가족을 사실적으로 묘사하는 방식을 취한다. 이런 맥락에서 렘브란트 작품의 짙은 어둠은 그들 앞에 펼쳐진 암담한 상황을 암시한다고 볼 수 있다.

렘브란트 작품 속 아기 예수 가족은 그야말로 한 치 앞을 내다볼 수 없다. 어둠이 너무도 짙게 깔려 있기 때문이다. 요셉은 나귀의 고삐를 쥐고 앞장섰다. 그의 옷차림은 남루한 데다 신발도 신지 못했다. 나귀 등에 탄 마리아의 옷차림도 그에 비해 별반 낫다고 말하기 어렵다. 마리아의 옷차림은 조토의 그림에서와 달리 귀부인의 자태를 드러내기는커녕 소박하다 못해 누추하다고 말해도 지나치지 않을 정도다. 아기 예수의 모습도 조토의 그림에서 엿보이는 성스러움이나 근엄함과는 거리가 멀다. 마리아는 불안한 표정으로 남편을 바라보고, 남편 요셉은 주위를 살핀다. 요셉은 낯선 땅의 칠흑 같은 어둠 속에서 어디로 가야 할지 갈피를 잡지 못한 듯하다. 렘브란트의 피난 가족은 그렇게 한 발 앞을 비추는 빛에 의지할 뿐이다.

아기 예수의 목숨을 노리던 헤롯왕이 죽은 후 정치적 망명을 떠난 요셉의 가족은 이집트에서 고향으로 돌아온다. 그러나 그들은 다시 팔레스타인 북쪽 갈릴리 지방으로 이주한다. 아기 예수를 핍박하던 헤롯왕의 아들이 왕위를 물려받고 통치자가 된 사실에 목숨의 위협을 느꼈기 때문이다. 예수의 가족은 또 한 번 정치적 망명길에 들어선 셈이었다.

혐오의 경계를 넘는 사랑의 방랑

예수는 공생애 기간 한곳에 머물지 않고 방랑했다. 당시 유대인 교사들은 일반적으로 한곳에 정착해서 사람들을 가르치고 후학을 양성하였다. 그러나 예수는 끊임없이 이곳저곳을 다니며 사람들에게 깨우침을 주고 제자를 길렀다. 그는 왜 이런 방식을 취했을까? 좀 더 긴급히, 그리고 좀 더 효율적으로 가르침을 주기 위해서였다고 볼 수 있지만 그와 전혀 다른 해석도 있다. 그가 방랑한 이유는 머물 곳이 없었기 때문이라는 것이다. 이와 관련하여 예수가 남긴 말이 있다.

"여우도 굴이 있고 하늘을 나는 새도 보금자리가 있으나 인자(사람의 아들, 예수를 의미함)는 머리 둘 곳이 없다."(「마태복음」 8장 20절)

예수는 오늘날 거처가 정해지지 않은 이주 노동자 같은 삶을 살았다. 그리고 3년여 동안의 공적인 삶을 살기 전 그는 오랫동안 목수로 일했다. 그리스어 '테크톤(tekton)'은 보통 목수나 석공으로 번역되는데, 일용직 노동자 정도로 보는 게 적절하다. 공적인 삶을 시작하기 전 예수가 바로 테크톤이었다. 30여 년간 사적인 삶을 살며 방랑하던 그 모습과 공적인 삶을 살 때에도 이곳저곳을 돌아다니며 지내는 두 모습 사이에 단절이 있어 보이지는 않는다. 사적인 삶과 공적인 삶 모두를 관통하는 '방랑자의 삶', '난민(혹은 난민에 가까운)'으로서의 삶의 체험이 예수의 삶 전반에 깊이 각인되어 있었다. 사적인 삶의 방랑은 생계를 위한 것이지만 후자의 방랑은 사랑을 나누기 위한 것이었다. '사랑'으로 신과 하나가 되고 난민으로서 밑바닥 삶을 겪어본 예수의 근본 체험은 그가 사람을 볼 때 상대방의 겉모습이 아닌 속 모습, 곧 내면의 진실함을 발견할 수 있게 해주었다. 방랑하는 사람은 한 자리에 머물며 고정관념을 내면화하는 이들이 미처 깨닫지 못한 인간 이해의 깊이를 알려준다. 그런 까닭에 예수는 사람이 지닌 정결함과 거룩함이 그의 겉치레에 있는 것이 아니라 그의 내면에 있다고 주장했다. 이런 맥락에서 그는 이렇게 이야기한다.

> "여러분이 모두 내 말을 듣고 깨닫기를 바랍니다. 사람의 밖에서 안으로 들어가는 어떤 것도 그를 더럽힐 수 없습니다. 사람에게 나온 것이 그를 더럽히는 것입니다."(「마가복음」 7장 14-16절)

정결법의 핵심에는 음식에 관한 법도 있다. 특정 음식은 인간을 '부정하게' 한다고 믿었다. 그러나 인간을 '부정하게' 만드는 것은, 그래서 그를 마땅히 '혐오'하게 만드는 것은 밖에 있지 않다. 그것은 내면에 있다. 내면에서 부글부글 끓다가 밖으로 나오는 그 말과 행동이 그가 '더러운' 존재임을 알려준다. 예수는 사람의 겉면인 인종, 신분, 성별 등의 위계질서와 그로 인해 생겨나는 편견과 선입견을 품지 않도록 조심하라고 가르친다. 중요한 것은 한 사람이 품은 내면 풍경이다.

예수에게 일어난 흥미로운 일화가 있다. 그가 갈릴리 지역에서 비유대인이 모여 사는 지역 시로페니키아를 방문했을 때의 일이다(「마가복음」 7장 24~30절). 예수가 그곳에 도착했을 때 한 외국인 여인이 다가와 간청한다. 자기 딸이 귀신 들렸다며 고쳐달라는 것

피터르 라스트만 〈예수와 가나안 여인(Christ and the Woman of Canaan)〉
1617년, 패널에 유채, 76.8×106.6cm, 암스테르담 국립미술관 소장

이다. 그런데 놀랍게도 그 상황에서 예수는 우리가 익히 알고 있는 예수가 아닌, 마치 인종주의자처럼 말하고 행동한다. 여인의 간청에 그는 "자녀들을 먼저 배불리 먹여야 하오. 자녀들이 먹을 빵을 개들에게 던져주는 것은 옳지 않소"라고 대답한다. 여기서 자녀란 유대인, 개들이란 유대인이 아닌 외국인을 의미한다. 방금 전에 외면이 아니라 내면의 중요성을 말한 예수가 할 말로 생각되지 않는다. 무슨 사연이 있는 것일까?

당대 갈릴리 지역에 거주하는 유대인은 자신이 피땀 흘려 생산한 소중한 곡물을 싼값에 사들여 비싼 값에 파는 해안 도시 사람들을 '개'라고 불렀다. 그러므로 예수는 갈릴리 유대인이 시로페니키아 사람들을 혐오하며 부르던 그 모욕적인 욕설로 여인을 지칭한 셈이다. 일부 학자들은 위에 인용한 예수의 말을 이런저런 변명에 가까운 해석으로 변호하려고 시도한다. 이를테면 예수가 '개'라고 말할 때 "그 개는 집에서 키우는 애완견이다", "주인에게 사랑받는 개다" 같은 식으로 말이다. 그러나 이런 식의 해석은 충분한 설득력을 지니지 못한다. 이 장면에서 인간이 그어놓은 자의적 경계와 혐오를 넘어선 예수가 외국인에게 혐오감을 드러내는 인종주의적 발언을 한 것은 매우 충격적이다. 그런데 이에 못지 않게 놀라운 것은 딸을 구하기 위해 예수에게 도움을 청한 여인이다. 여인은 '개'라는 모독적인 말을 듣고도 딸을 구하기 위해 기꺼이 자신을 낮춘다.

"주님, 상 아래 있는 개들도 자녀들이 흘리는 부스러기를 얻어

먹지 않습니까?"

예수와 시로페니키아의 여인이 대면한 이 장면에서 우리는 편협한 인종주의자처럼 행동하는 예수와 우리가 아는 예수처럼 행동하는, 곧 사랑을 위해 자신을 얼마든지 낮추는 외국인 여인을 본다. 예수는 돌이켜서 그 여인을 향해 "그대의 믿음이 크오!"라고 칭찬한다.

여기서 예수가 말하는 '여인의 믿음'이란 무엇일까? 그것은 바로 사랑을 실천하기 위해 얼마든지 자신을 낮출 줄 아는 선택과 행동이 강력한 힘을 발휘할 수 있다는 믿음, 그리고 그 믿음 앞에서 이스라엘의 신 야훼와 그의 대리자 예수가 긍정적으로 반응하고 답함으로써 기적이 일어날 수 있다는 믿음이다. 여기서 우리는 사랑하는 사람이 누군가를 사랑함으로써 기꺼이 자신을 내려놓을 줄 아는 위대한 사랑을 목격한다. 바로 그러한 사랑이 인종과 신분, 성별 등이 가로막는 높은 담을 무너뜨린다. 사랑의 힘은 혐오의 장벽을 넘어선다.

왜 예수는 인종주의자처럼 행동했을까? 여기에 대해서는 대략 두 가지 해석이 있다. 하나는 그가 자기 제자를 비롯한 주위 사람들을 깨우치기 위해 일부러 그런 행동을 했다는 해석이다. 다른 하나는 예수가 이 장면에서는 미처 혐오의 그늘에 놓여 있었고, 여인이 바로 예수의 방식으로 예수를 일깨웠다는 것이다. 어느 해석을 따르든 이 일화에서 우리가 얻어야 할 중요한 메시지는 사랑을 위해 기꺼이 자신을 낮추는 사랑이 두려움과 경계를 무너뜨린다는 사실이다.

성찰의 거울을 닦으며

현대는 과학기술이 그 어느 때보다 발달한 시대지만 전 세계에서 종교를 믿는 인구수는 줄지 않고 있다. 인간이란 존재가 태생적으로 종교성을 지니고 있고 근원적 감정과 긴밀히 연결되어 있기 때문이다. 인간이 근원적인 힘과 존재를 마주했을 때 느끼는 감정, 그리고 초월의 세계를 체험하기 위해 열정적으로 가꿔온 정결함과 거룩함의 규범은 긍정적인 감정과 동시에 혐오 등의 부정적인 감정을 유발하기도 한다. 고대 이스라엘 종교와 유대교는 이런 감정을 정교하게 발전시켰다. 그리고 예수는 종교적 맥락만이 아니라 당대 정치, 사회, 경제, 문화 영역의 맥락에서 유의미하면서도 근본적인 전복을 꾀했다. 이러한 전복의 배경에는 근원 체험으로 사랑과 난민으로서의 눅진한 삶에서 나온 '두려움과 경계를 넘어서는 실천적 사랑'이 자리한다.

우리나라의 그리스도교로 시선을 옮겨보자. 한국의 그리스도교는 인권, 교육, 의료, 복지 등의 영역에서 누구도 부정 못 할 큰 공헌을 했다. 동시에 파란만장한 역사를 지나오면서 부정적인 면 또한 자주 보여주었다. 종교는 사랑과 혐오를 동시에 분출하는 근원이기 때문이다. 이럴 때 그리스도교뿐 아니라 우리나라의 유수 종교의 근본을 살피는 일이 필요하다. 가장 거룩한 것이 가장 심각하게 타락할 수 있다. 또 가장 큰 사랑이 가장 무시무시한 혐오를 불러올 수 있다. 이런 생각을 할 때마다 나는 윤동주의 시「참회록」의 한 구절을 머릿속에 떠올리곤 한다.

"밤이면 밤마다 나의 거울을 손바닥으로 발바닥으로 닦아보자."

성찰을 통해 늘 근원으로 자신을 다시 돌려세우는 일은 누구에게나 필요하다.

〔 talk
01 〕

우리 사회의
인종주의와
낙인

이수정 · 염운옥

코로나19 팬데믹을 겪으며 강화된 인종 혐오

염운옥　안녕하세요 교수님, 요즘 '혐오의 시대'라는 말을 많이 하지 않습니까? 사실 지금은 그 어느 때보다 다양성이 절실하고 서로 포용하는 노력이 중요하게 다루어지는 시대인데요. 세계화, 지구화가 엄연한 현실이 되다 보니 어느 사회에나 많은 사람이 공동체를 이루어 함께 살게 되고, 이주민 등 다양한 소수자들이 한데 어우러져 공존하는 시대가 펼쳐지게 된 거죠. 이런 현상에 대해 교수님은 어떻게 생각하시는지요?

이수정　다양한 사회를 지향하는 추세는 이제 돌이킬 수 없는 하나의 흐름이 되었다고 봐요. 우리 한류 문화가 전 세계에서 열광적인 반응을 얻고 있는 것은 다양성이 폭넓게 수용되는 매우 긍정적인 현상의 하나라고 생각합니다. 그런데 문제는, 세상 만물이 그렇듯 다양성에 긍정적인 면만 있는 것은 아니고 부정적인 면도 있다는 사실입니다. 저는 범죄심리학자이다 보니 다양성 수용 문제가 자칫 '혐오 범죄(hate crime)'로 이어질 수 있다는 점을 우려하고 있습니다. 말하자면 '무엇무엇에 대한 혐오(hate against something)'라고 할까요? 여기서 '무엇'에 여성을 넣으면 혐오 대상이 여성이 되어 '여혐 범죄'가 되고요. 이주민이나 특정한 인종이 혐오 대상이 되면 '인종 범죄'가 되는 거죠. 최근 발생하는 혐오 범죄는 특정 속성을 가진 사람을 무차별 공격하는 형태로 자주 나타나고 있습니다.

코로나19 팬데믹이 한창일 때 미국, 호주를 비롯한 여러 나라에서 발생한 아시아인 대상 범죄가 그 대표적 사례지요. 당시 '코로나19가 어디서 유래했는가?' 하는 문제를 두고 중국에서 맨 처음 발생했다는 것이 기정사실로 받아들여지면서 동양인 혐오 범죄로 이어졌습니다. 좀 더 구체적인 예를 들면, 2021년 미국 애틀랜타주에서 벌어졌던 총기 난사 사건을 기억하십니까? 그날 한국 교포가 운영하는 애틀랜타의 한 가게에서 교포 여성 6명이 살해당했습니다. 이 사건은 코로나19 팬데믹 상황에서 발생한 인종 혐오 범죄의 대표적 사례로 꼽힙니다.

혐오 범죄는 미국이나 유럽 같은 서구 사회에서만 일어나는 유형은 아닙니다. 한국 사회도 예외는 아니라는 겁니다. 여기서 교수님께 한 가지 질문을 하고 싶은데요. 코로나19 팬데믹 국면에서 대한민국에서도 이주민에게 위해를 가하거나 부정적인 영향을 끼친 구체적인 사례가 있었나요?

염운옥 질문에 답하기 전에 잠시 언급하고 넘어가자면, 말씀하신 대로 코로나19 팬데믹이 끼친 영향은 미국과 유럽을 비롯해 전 세계적인 인종 혐오 범죄, 그중에서도 특히 중국인을 향한 혐오 범죄로 나타났죠. 중국인이 아시아계이다 보니 중국인, 일본인, 한국인이 명확히 구분되지 않잖아요. 그런 까닭에 다른 인종의 눈에는 한·중·일 출신 사람들이 모두 중국인으로 보이기 쉽고 "중국인 바이러스, 물러가라" 식의 혐오로 거칠게 표출됐죠. 이런 상황에서 일부 재외 한국인은 자기가 중국인으로 오인되어 받을 수 있는 혐오와 차별을 당하지 않기 위해 "나는 중국인이 아니다(I'm not Chinese)" 문구가 새겨진 티셔츠를 입고 다니기도 했습니다. 한데 저는 이런 식의 행동은 중국인 혐오 정서에 대처하는 좋은 방법이 아니라고 생각합니다. 왜냐하면 이런 대응은 미국인, 유럽인 등 서구인의 중국인 혐오 정서 및 행위를 단순히 옹호하는 수준을 넘어서서 적극적으로 동참하는 셈이 되기 때문입니다. 그 후 그런 방식의 대응이 낳은 부작용과 함께 비판도 만만치 않아서 최근에는 많이 사라진 것으로 알고 있습니다.

질문해주신 내용으로 돌아가, 한국 사회로 시선을 옮겨보겠습니다. 최근 미국이나 유럽 국가 못지않게 한국에서도 외국인 이주자를 향한 혐오 정서가 눈에 띄게 높아졌다는 걸 알 수 있습니다. 실제로 한국에 거주하는 외국인이 별다른 이유 없이 내국인에게 욕설을 듣거나 정상적으로 전·월세 계약을 한 상태에서 사전 통보 없이 갑자기 나가라고 하는 식의 부당한 일이 많이 일어났는데, 그 이면을 살펴보면 역시 코로나19가 중요한 원인이었다는 걸 알 수 있습니다. 왜 코로나19 팬데믹 국면에서 그런 부당한 처사와 혐오, 차별이 발생한 걸까요? 아무런 과학적 근거도 없이 무조건 '외국인(특히 중국인)은 코로나에 취약할 것이다'라는 식의 편견 때문인 경우가 대부분입니다. 사정이 이렇다 보니 중국 출신 아이들이 학교 교실이나 SNS에서 코로나 발생 이전에는 '짱개'라고 놀림 받았다면 코로나 이후에는 '바이러스'라고 조롱당하며 '중국으로 돌아가라'라고 요구받는 억울한 일을 당하곤 했습니다.

그럼에도 저는 팬데믹 국면을 지나면서 다소 아이러니할 수도 있지만 긍정적인 변화일 수 있는 흥미로운 현상을 발견했습니다. 그것은 바로 '미등록 체류자'라는 새롭게 자리 잡은 용어에 관한 것인데요. 이주 노동자 중에서 체류 기간을 넘겨 미등록 상태가 되는 경우를 '미등록'이라 부를 것인가 아니면 '불법'이라 부를 것인가 사이에는 엄청난 어감 차이가 있거든요. 사실 국제사회와 마찬가지로 한국 인권위원회는 어떤 경우에도 사람을 '불법', 즉 illegal로 규정해서는 안 된다고 명시하고 있기 때문에 '서류를 갖추지 못한', 즉 undoucumented로 부르자는 취지에서 '미등록' 혹은 '미등록자'라는 용어로 바꿔 부르고 있는 겁니다. 그런데도 우리나라 법무부를 비롯한 정부 당국은 '불법'이라는 말을 오랫동안 고집해왔습니다.

이런 기류에 극적인 변화를 몰고 온 것이 아이러니하게도 코로나19였습니다. 2021년 봄쯤 전국적으로 코로나19 상황이 매우 심각해질 때였는데, 당시는 '미등록 체류자'든 '불법 체류자'든 용어와 무관하게 일단 누구라도 감염되면 그로 인해 공동체 전체가 위험해질 수 있는 급박한 상황이었죠. 그러니까 '모두가 안전하지 않으면 나도 안전하지 않다'라는 사실을 누구나 절실히 느낄 수밖에 없는 상황에서 정부가 먼저 나서서 '불법'이라는 단어 대신 '미등록'이라는 단어를 사용하게 된 겁니다. 즉, 정부가 대대적인 캠페인까지 벌이면서 '미등록 체류자'라도 추방하거나 강제 출국시키지 않을 테니 의심 증상이 있으면 반드시 보건소를 방문해서 검사받으라고 권유한 겁니다.

이수정 네, 기억납니다.

염운옥 그렇게 '호명'하기 시작했다는 점이 작지만 긍정적인 변화의 하나일 수 있다고 봅니다. 한데, 저는 그보다 더 주목할 점은 이런 게 아닐까 싶어요. 대한민국은 이제 이주 노동자 없이는 제조업도, 나아가 농업, 어업, 축산업도 제대로 이루어지기 어렵거든요. 이렇게 된 지가 사실 꽤 오래됐어요. 그런데 우리 사회의 일반 시민들은 그런 점을 직접적으로 느끼지 못하죠. 코로나19로 인해 항공편이 정상적으로 운행되지 않고 인력 수급에 문제가 생긴 탓에 매년 몇만 명씩 유입되는 이주 노동자 수가 큰 폭으로 줄어들어 2020년 한 해 동안 6,000명 정도밖에 안 들어왔어요. 이렇게 되니까 생산 현장에 일할 사람이 부족해진 거예요. 논밭에서 작물을 재배하고 수확할 사람이 부족해지고, 강이나 바다에서 물고기를 잡거나 해산물을 채취할 사람이 부족해지고, 공장에서 물건을 만들 사람이 부족해지게 된 거죠. 코로나19로 인해 우리의 삼시세끼 식탁을 이주 노동자에게 상당 부분 의존하고 있었다는 사실이 갑자기 확 드러나게 된 거예요. 어떤 방식으로든 이주 노동자의 존재가 우리 사회에서 가시화됐다는 점, 한국인의 삶이 누군가의 노동으로 영위되고 있었는지가 명확히 드러났다는 점이 역설적이지만 의미 있는 일이라고 봅니다.

이수정 네, 그런 변화는 코로나19의 영향이 틀림없다고 봅니다. 그런데 말씀하신 내용 중에서 이주 외국인 노동 의존도가 갈수록 높아지고 있다는 점은 잠시 짚고 넘어갔으면 합니다. 이는 국내 산업계의 일자리 수요와 밀접히 관련되어 내국인의 경우 외국인이 자기 일자리를 빼앗아 간다는 피해의식과 박탈감을 느끼지 않는지, 그로 인해 이주 노동자를 향한 경쟁 심리가 더욱 커지는 것은 아닌지 의문이에요. 물론 코로나19라는 극단적인 상황이기에 그런 경향이 더욱 심해졌다는 생각이 들기는 하지만, 최근에는 그야말로 무차별적 적대 행위가 과거에 비해 훨씬 많이 보고된다고 알고 있거든요.

염운옥 네, 맞습니다. 정말 좋은 지적을 해주셨어요. 젊은이들 사이에서 경쟁이 치열해지고 내국인조차 제대로 된 직장을 구하기 어려운데, 그 자리를 이주 외국인이 채운다고 하면 반감이 생길 수밖에 없죠. 게다가 외국인 노동자의 경우, 내국인보다 상대적으로 젊은 20~30대 인력이 들어오니까 더더욱 경쟁이 되지 않는 겁니다. 구체적인 예로, 건설업체의 경우 당연하게도 체력 면에서 상대적으로 우수한 외국인 노동자를 선호한다고 해요. 사정이 이렇다 보니 나이가 많은 내국인 노동자는 일자리를 구하기가 점점 더 어려워질 수밖에 없는 현실입니다.

<u>이수정</u> 그런 까닭에 그 어느 때보다 이 문제를 좀 더 체계적으로 접근하며 대책을 마련해나가야 한다고 생각합니다. 현실을 제대로 반영하는 법과 제도가 반드시 필요하지만 실제로는 상당히 미비한 법과 제도뿐이라는 점이 문제예요. 반사회적 적대주의나 혐오 행위를 제재할 수 있는 법이 아직 제대로 갖춰지지 않았다는 점은 더욱 심각한 문제이고요. 차별금지법이 대안이 될 수 있는데 쉽게 입법 될 것 같지 않습니다. 현실적으로, 혐오 행위를 처벌하는 '혐오범죄방지법' 등으로 일단 폭력 행위를 제재하고, 이후 차별금지법을 입법화하는 일에 집중하는 식의 대안을 마련해볼 수 있지 않을까 생각합니다.

우리나라에서 최근 큰 문제로 대두되는 것이 온라인상의 혐오 발언이에요. 이는 혐오 범죄 자체를 법으로 제재하지 않다 보니 나타나는 현상이자 부작용이라고 봅니다. 물론 이는 이주 외국인만을 대상으로 하는 문제가 아니며, 우리 사회 안에서 나타나는 남혐, 여혐 현상 등이 모두 같은 맥락 안에 있습니다. 실제로 어떤 기

사 하단에 달리는 댓글을 보면 지지하는 발언보다 적대적인 발언의 양이 훨씬 많은데, '이런 것을 방치한 채 과연 이주 외국인을 수용하는 문제나 내국인을 통합하는 일이 가능하겠는가'라는 의문이 생길 수밖에 없습니다. 다른 나라에서 법으로 제정되고 시행되는 혐오범죄방지법을 놓고 우리나라에서 구체적으로 입법화해야 하는 부분, 예컨대 과태료를 물릴 수 있는 이주 노동자를 향한 차별적 발언은 어디서부터 어디까지인지 등을 심도 있게 논의하고 실행에 옮겨야 할 것입니다. 온라인에서 실제로 지나친 혐오 발언을 제재하기 시작하면 당연히 오프라인에서도 악의적인 '콜링', '네이밍' 행위가 처벌받을 수 있다고 생각해 자제하기 시작하지 않을까요? 하루빨리 이런 방향으로 구체적인 노력을 해나가야 한다고 봅니다.

이주 외국인을 향한 악의적·차별적 시선

<u>염운옥</u> 이주 외국인을 잠재적 범죄자로 보는 사회적 시선이 분명히 존재한다고 생각해요. 즉, '왠지 낯설고 우리와 이질적인 사람들이 들어오면 그들이 언젠가 반드시 큰 문제를 일으킬 것이다. 말하자면 그들은 잠재적 범죄자 집단이다'라고 보는 시선이 분명 존재하고, 또 큰 문제 중 하나라고 생각하는데요. 이런 관점을 교수님은 어떻게 보시는지요?

이수정　모든 이주 외국인을 잠재적 범죄자로 보거나 일반화하는 일은 당연히 잘못이라고 생각합니다. 그런데 어떤 측면에서는 이 것을 아주 근거 없다고 말하기 힘든 부분이 있기도 해요. 실제로 최근 우리 사회에 이주 외국인이 저지르는 범죄가 갈수록 늘어나 고 있기 때문입니다. 예컨대 성범죄의 경우 내국인에 의한 성범죄 도 늘어나는 추세지만, 이주 외국인에 의한 성범죄는 더욱 가파르 게 증가하고 있는 게 사실이거든요. 상황이 이렇다 보니, 범죄에 대한 두려움에 낯선 것을 향한 경계심과 두려움이 합쳐져 더욱 큰 두려움을 만들어내는 게 아닌가 싶어요. 특히 여성들이 더욱 큰 두 려움을 느끼는 것 같습니다.

　학자들의 연구 결과에 따르면, '인과관계 추정의 오류'를 차별의 중요한 이유로 드는 경우가 많은데요. 이에 관한 구체적인 사례로 2012년 수원역에서 발생한 '오원춘 사건'을 들 수 있습니다. 젊은 직장인 여성이 귀갓길에 조선족 남성에 의해 납치, 감금, 살해되었 는데, 그 과정에 여러 차례 112에 신고했음에도 경찰이 제때 출동 하지 않아 결국 이튿날 아침 여성은 여러 토막의 참혹한 시신으로 발견되었습니다.

　문제는 이런 사건이 발생하면 그것이 순식간에 확대 재생산된 다는 겁니다. 여기에는 언론도 크게 한몫하는 셈인데요. 우리나라 언론의 경우, 예를 들어 내국인이 저지른 성범죄나 강간, 살인 등 의 중범죄와 관련해 1,000건 정도 기사가 생산된다고 한다면, 이 주 외국인이 범인일 경우 1만 건 가까운 기사가 생성되는 식입니다. 그렇다 보니 대중 사이에서는 쉽게 '과잉 일반화' 현상이 나타나는 거죠. 말하자면 '아, 이런 끔찍한 사건이 우리 동네에서도 얼마든지 일어날 수 있는 것 아냐? 조선족을 포함한 이주 외국인은 모두 위험 인물이야'라는 잘못된 인식을 갖게 되는 겁니다.

이런 문제를 극복해야 하고 지혜롭게 대처해야 하는데, 그게 말처럼 쉽지 않습니다. 제가 알기로, 우리나라에서 한 해에 이주 외국인에 의한 범죄가 2만~3만 건 정도 발생하는데, 전체 범죄 발생 건수는 연간 100만 건에 이르거든요. 그러니까 이주 외국인 범죄는 전체 범죄 발생 건수 대비 2~3퍼센트 정도 되는 셈이니, 이를 두고 '실제로 그렇게 심각하지 않은 것 아니잖아'라는 식으로 이야기해서는 안 된다는 겁니다. 이 문제를 대할 때는 특히 섬세함이 필요해요. 예를 들어 이주 외국인과 관련된 정확한 범죄 통계를 알려주어야 하고, 현재 주로 어느 지역에서, 어떤 이유로, 어떤 사건이 발생하는지 공지해야 한다고 봅니다. 그리고 그 연장선에서 그런 범죄를 제대로 처리하고 또 예방하기 위해 어떤 형사 정책을 펴야 하는지 심도 있게 논의해야 한다고 봅니다. 이러한 구체적인 고민과 진단, 대책이 뒤따르지 않을 경우 자칫 '조선족 입국을 원천 봉쇄하자' 같은 극단적인 결론이 도출될 수 있기 때문입니다.

<u>염운옥</u> 맞습니다. 모든 조선족이 범죄자일 수 없고 조직적인 범죄를 저지르는 사람은 그중 극히 일부일 텐데, 그럼에도 내국인이 그와 관련해 지나친 공포를 느끼게 되는 주요 원인 중 하나는 미디어

가 그 부분을 지나치게 확대 재생산하거나 과잉 보도 경쟁을 벌이는 데 있다고 생각합니다. 또 그에 못지않게 중요한 원인 중 하나가 예컨대 〈범죄도시〉 같은 영화에서 조선족이나 중국인에 대한 과도한 스테레오 타입으로 그들을 재현하는 데 있다고 생각합니다.

교수님 말씀대로 저도 조선족을 비롯한 이주 외국인 범죄 관련 정확한 통계를 대중에게 공개하고 효과적인 대책을 세우는 일이 무엇보다 중요하다고 생각해요. 지적해주신 것처럼 대중의 차별적인 공포를 해소하는 일에 있어서 '통계상의 디테일'이 정말 중요하다고 생각하거든요. 좀 더 구체적으로, 통계를 발생 추이나 '몇 건 당 몇 건이다' 식의 단순 비율로 보여주어서는 안 된다고 봅니다. 왜냐하면 이는 자칫 어떤 집단을 범죄자 집단으로 규정해버리는 '과잉 일반화'의 오류로 귀결될 수 있기 때문입니다. 따라서 현재 나와 있는 외국인 범죄 증가 추이에 관한 통계상 보정이 반드시 필요하다고 생각합니다. 다시 말해, 매우 자세한 통계, 예를 들어 직업 등의 구체적인 내용이 포함된 통계가 대중에게 제공되어야 한다는 거죠. 단순 범죄율 증가 추이 같은 것만 이야기하고 '외국인 수의 증가 폭보다 범죄 증가율이 더 높다' 식으로만 알리면 오히려 정확한 실상을 알기 어렵다고 봅니다.

이수정 네, 정확한 통계를 국민에게 전달하는 일이 중요합니다. 그런 다음 국민의 냉정한 평가를 받아야 해요. 말씀하신 대로, '지금 상태는 이러저러하다' 식의 세세한 통계를 함께 알려야 하는 건

맞아요. 그런데 그보다 우선하여 지적해야 할 문제가 있습니다. 현재 법무부와 경찰청이 제공하는 통계가 '가해자 통계'에만 치중돼 있다는 점입니다. 좀 더 구체적으로, 이주 외국인의 경우 내국인 못지않게, 아니 그 이상으로 상당히 많은 사람이 범죄의 피해를 보고 있을 것이므로 가해자 통계를 산출하는 일 못지않게 피해자 통계를 내는 일도 중요합니다. 그런데 그런 부분이 간과되고 있는 거죠. 예를 들자면, 이주 외국인에 노동자만 있는 게 아니기 때문에 결혼 이주 여성 등이 당하는 심각한 폭력 피해에 대한 통계도 나와야 한다는 겁니다. 그리고 여기에 더해 저는 한국에서 외국인이 당하는 범죄 측면도 좀 더 구조적이면서도 넓은 틀에서 보아야 한다고 생각합니다.

염운옥 구조적인 측면에서 볼 때 우리는 외국인 노동력을 단순히 노동력으로 취급해온 것이 아닌가 하는 생각이 듭니다. 독일 작가 막스 프리슈(Max Frisch)가 이런 말을 했습니다. "노동력을 불렀는데, 사람이 왔다." 우리가 흔히 '노동력'이라고 부르는 것은 사실 '사람'에 관한 것이라는 의미죠. 그리고 그 사람에게는 우리와 똑같은 꿈이 있고, 이야기가 있고, 사연이 있다는 겁니다. '노동력을 불렀는데, 사람이 온다'라는 관점에서 볼 때 말씀하신 대로 이주민이나 이주 노동자에게 가해지는 범죄에 관한 통계가 잘 안 잡힌다는 점도 심각한 문제이고요. 이주 노동자들이 자주 당하는 '임금 체불' 같은 피해도 그에 못지않게 중요한 문제라고 봅니다. 당연히 그때그때 지급해야 할 급여를 '내일 줄게', '모레 줄게' 하며 차일피일 미루다가 결국 수천만 원의 임금 체불이 발생하고, 이주 노동자는 그 체불된 임금을 받기 위해 체류 기간이 지나도 출국하지 못해 어쩔 수 없이 법을 어기게 되는 사태가 발생합니다.

그렇다고 체불된 임금을 받기 위한 소송을 하기도 말처럼 쉽지 않죠. 설령 소송을 한다고 해도 체불 임금을 받게 된다는 보장이 없습니다. 이주민, 특히 이주 노동자들은 이런 큰 틀의 제도적, 정책적 문제에 맞닥뜨려 있는데, 저는 그런 부분도 냉철히 따져봐야 한다고 생각합니다.

이수정　그런 부분에 대해 보조 장치가 전혀 없지는 않다고 생각합니다. 현재 우리나라는 속인주의만 적용하는 나라는 아니기 때문이죠. 말하자면 국내에 거주하는 이주 노동자에 대해서도 국내법에 의해 정당한 권리 행사를 할 수 있도록 하고 있기 때문에 범죄 피해를 본 경우 신고하면 그에 합당한 조치와 보호를 받을 수 있는 법이 존재합니다.

염운옥　물론 관련 법적 제도가 존재하기는 하죠. 문제는 과연 그것이 현실성과 실효성이 있는가인데, 이 점에 있어서 저는 솔직히 의문이 생깁니다. 따지고 보면 이런 문제는 이주 노동자들만 겪는 문제도 아니죠. 왜냐하면 내국인조차 범죄 피해를 당했을 때 제대로 법적 보호를 받는 일이 쉽지 않잖아요? 소송을 제기하고 몇 년간이나 지루하게 재판을 끌었는데, 결국 제대로 된 판결이 나오지 않는 경우가 많습니다. 이를테면 범죄자의 혐의에 비해 말도 안 되게 가벼운, 즉 약간의 벌금을 내고 끝나는 경우가 비일비재하다는 겁니다.

<u>이수정</u> 맞습니다. 말씀하신 대로 법적 조치와 보호를 받게 되기까지 시간이 오래 걸리기도 하고 제대로 도움을 받기 어렵기도 해요. 그런 문제가 분명히 있습니다.

<u>염운옥</u> 2018년에 있었던 예멘 난민 이슈가 떠오릅니다. 당시 예멘 난민 500여 명이 우리나라 제주도에 들어오지 않았습니까? 사실 그들은 대외 전쟁과 내전으로 고통받다가 극적으로 탈출한 뒤 어디로 가야 할지 몰라 고민하다가 결국 무비자로 입국이 가능한 나라를 찾아서 온 거였거든요. 그때 마침 쿠알라룸푸르에서 제주도로 가는 항공편이 있었고, 제주도는 90일 무비자 체류가 허용되니까 제주도행을 택한 거였죠. 그런데 당시 대다수 언론의 보도 행태를 보면 '예멘 난민이 한국을 목표로 해서 몰려들었다'라는 식의 악의적인 보도가 판을 쳤습니다.

　한국이 지금까지 난민을 한번에 500명이나 받아본 경험이 없잖아요. 그렇다 보니 당시 엄청난 혼란이 벌어졌고, 일부 페미니스트는 '여성의 안전' 측면에서 난민을 향한 혐오를 표출했죠. 절박한 상황에서 목숨을 걸고 제주도로 온 난민 대다수가 남성이었거든

요. 당시 많은 내국인이 그 무슬림 난민 남성을 '갑자기 우리나라에 들어와 범죄를 저지르면 어떡하나?'라는 시선으로 본 거예요.

그런데 그들이 제주도에 들어온 이후 상황을 보면 많은 사람이 우려하는 것과는 상당한 차이가 있다는 걸 알 수 있습니다. 당시 제주도에 들어온 예멘 난민 중 1년간의 인도적 체류 허가 후 정식 난민으로 인정받은 사람은 전체 500명 중 딱 2명뿐이거든요. 그리고 제가 알기로는, 그 과정에서 예멘 난민이 저지른, 여성의 안전을 위협하는 범죄를 포함한 그 어떤 범죄가 일어났다는 기사나 통계가 없어요.

'여성 안전' 문제를 놓고도 냉철히 생각해볼 필요가 있다고 보는데요. '여성 안전이라는 문제가 과연 난민을 배제하면 저절로 이루어지는가'를 생각해보면, 그건 아니지 않나요? 이렇듯 '여성 안전'과 '난민 배제'가 서로 인과관계가 성립되지 않음에도 두 가지가 하나로 연결되면서 난민 전체에 대한 혐오로 이어지는 나쁜 프레임이 만들어지고 있다고 봅니다. 이러한 관점을 교수님은 어떻게 생각하시는지요?

이수정 전반적으로 여성이 당하는 폭력 피해, 그중에서도 특히 성범죄가 늘고 있으므로 많은 여성이 '자신이 자칫 성범죄 피해자가 될지 모른다'는 두려움의 수위가 과거 그 어느 때보다 높아졌다고 봅니다. 우리나라에서 한 해에 발생하는 성범죄가 4만 건이 넘습니다. 일반적으로 어떤 특정 유형 범죄가 전체의 1퍼센트 이상만 발생해도 집단적으로 체감이 되거든요. 그만큼 불안감이 커질 수밖에 없어요. 그런 까닭에 최근 여성들이 성범죄에 대한 두려움을 느끼는 것은 어쩌면 당연하고, 그럴 만한 상황이라고 봅니다.

교수님께서 지적하신 대로, 2018년 예멘 난민 이슈 때는 그야말로 '남성 위주 이슬람교도를 우리 사회 안으로 받아들여도 괜찮은가?', '과연 우리 안전이 위협받지 않겠는가?'라는 인식이 퍼지며 매우 부정적인 여론이 일어났습니다. 말씀하신 것처럼 '난민 배제'와 '여성 안전'은 직접적인 인과관계가 없어요. 그런데 문제는 여성들은 분명히 성범죄와 관련해 두려움을 느끼고 있으며, 대도시보다 시골이나 도서 지역이 상대적으로 치안 유지가 잘 안 된다는 인식도 있습니다. 이러한 요소들이 상호작용해서 '지금 시점에서 대대적인 난민 수용은 불가하며 시기 상조다'라는 결론에 도달한 게 아닌가 싶습니다.

염운옥 저는 2018년 제주도 예멘 난민 이슈가 불거질 당시 '여성의 안전' 문제와 '난민 배제' 문제가 신속히 연결되어 급속히 확산해가는 것을 보면서 많은 것을 느꼈습니다. 그리고 앞서 말씀드렸듯이, 결과적으로 그 후 제주도에서 난민과 연관된 사회 문제는 발생하지 않았거든요. 다만 그들의 난민 신청이 500명 중 2명밖에 인정되지 않고, '인권을 중시하는 국가로서 대한민국의 처사가 너무 심하지 않냐?'라는 비판이 제기된 것을 보면서, 한국 사회가 제주도 예멘 난민 이슈를 겪으며 좀 약한 예방주사를 맞은 셈이라고 생각했습니다. 그리고 그와는 별개로, 당시 미디어가 난민 혐오를 조장하고 부추긴 행태는 진지하게 성찰하고 반성해야 한다고 생각합니다.

또 다른 한 측면을 말씀드리자면, '한국인이 모든 외국인을 같은 마음, 같은 태도로 대하는가?'라는 관점에서 볼 때 '그렇다'라고 말하기 어렵다고 생각해요. 미국을 비롯한 서구 유럽에서 온 백인 외국인에게는 상당히 우호적인 태도를 보이는 반면, 피부색이 우리보다 진한 아프리카나 동남아시아 등지에서 온 외국인에게는 막연한 공포심을 느끼며 기피하는 현상이 자주 일어나곤 합니다. 그렇다면 한국인이 가진 그런 두려움의 원인이 실제로 피부색에 따라 범죄율 통계에 차이가 있다거나 하는 것에 근거하는지 따져볼 필요가 있을 것 같습니다. 교수님은 어떻게 생각하시는지요?

이수정 여기에는 여러 가지 문제가 복합적으로 뒤얽혀 있다고 봅니다. 먼저 짚고 넘어가야 할 점은, 우리나라 공식 통계에는 인종에 따른 범죄율이 잡히지 않는다는 것입니다. 그런 까닭에 실제로 백인이 국내에 체류하는 동안 아프리카나 동남아시아, 남미에서 온 외국인에 비해 범죄를 덜 저지르는지 혹은 더 저지르는지는 지금으로서는 정확히 알 수 없습니다.

어쨌든 한국인이 상대적으로 피부색이 어두운 아프리카나 동남아시아, 남미 같은 개발도상국에서 온 사람들을 좀 더 차별적으로 대하는 데는 '경제적인 이유'와 관련이 있다고 봅니다. 그러므로 이 문제는 한국 사회 내에서도 벌어지는 경제적으로 뒤처지는 계층에 대한 차별의 연장선에서 파악하는 것이 합리적이라고 생각합니다.

보이스피싱 범죄를 예로 들어보죠. 국내에서 보이스피싱 범죄에 가담하는 사람들은 대부분 단순 전달책에 불과하며 그 조직의 우두머리는 외국에 거주하잖아요? 이 경우, 대대적인 수사를 통해 그런 조직을 파악하고 검거하는 과정에서 드러나는 국가적 배경 등이 내국인의 마음에 공포심을 심어준다고 봅니다. 마약 범죄도 마찬가지예요. 국내에 불법으로 유입되어 심각한 문제를 일으키는 마약이 어디에서 제조되고, 어디를 경유해 국내로 반입되는가를 추척해보면 여기에서도 역시 비슷한 국가적, 혹은 문화적 백그라운드가 있죠. 그래서 거론된 국가, 인종에 대한 경계심과 두려움이 커질 수밖에 없다고 봅니다.

앞에서도 말씀드렸듯이, 대한민국의 경우 인구통계 집계 과정에 인종 분류를 하지 않습니다. 인구통계에 인종을 구분해 표시할 경우 그것이 곧바로 차별로 이어질 수 있기 때문이에요. 사정이 이렇다 보니 인종별 범죄 통계 같은 구체적인 수치는 나올 수 없습니다.

나아가 조직적인 보이스피싱이나 마약 제조 및 유통 등의 범죄는 그야말로 여러 나라가 연관되어 있거든요. 보이스피싱 경우 중국을 통해 불법 전화가 걸려 오거나 중국에 IP 주소가 있다고 해서 중국인이 범인이라고 단정적으로 말할 수 없어요. 한국인을 비롯해 여러 국적의 사람들이 연루돼 있을 수 있다는 거죠. 정말 구체적이고 세세한 내용을 따져보고 하나하나 밝히며 신중하게 이야기하는 일이야말로 짙은 피부색을 가진 사람들에게 부당하게 쏟아지곤 하는 차별의 시선, 그리고 그들을 잠재적 범죄자로 보는 과잉 일반화라는 그릇된 시선을 막을 수 있는 길이라고 생각합니다.

대한민국의 자본을 갈취하고 경제적 잠재력을 잠식하고 훼손하려는 시도는 아무래도 우리나라와 지리적으로 가까운 주위 국가와 관련되어 이루어지는 경우가 많습니다. 그런 부정적이고 위협적인 현상에 경계심을 갖는 것, 상대적으로 우리에게 큰 손해를 끼치는 백그라운드에 경계심을 갖는 것은 어느 정도 불가피하다고 봐요.

한편 '한국 사람들이 서구의 백인을 상대적으로 선호한다'라고 지적하는 것도 일종의 '비판을 위한 비판' 같은 것이라고 저는 생각합니다. 이런 경향을 '모든 한국인이 그런 식이다'라고 이야기하면 그 자체도 과잉 일반화이자 차별 행위가 될 수 있지 않을까요?

다양성과 포용성을 갖춘 성숙한 공동체를 향하여

염운옥 저도 인종만의 문제는 아니라고 생각해요. 특정 인종과 그 인종의 사람이 다수 구성원인 국가의 경제적인 수준 등이 한데 어우러져 빚어지는 문제라고 봅니다. 어쨌든 2018년 제주도 예멘 난민 이슈가 잘 보여주었듯, 대한민국의 포용성 문제가 개선되지 않고 계속 부작용을 일으킨다면 '향후 우리나라가 국제사회의 당당한 일원으로 존립하는 것이 과연 가능할까?' 하는 우려를 하지 않을 수 없습니다.

이수정 충분히 설득력 있는 문제의식이라고 봅니다. 우리나라도 이제 더는 어떤 특정 지역에 한정되어 문화가 발전하거나 유지되지 않습니다. 실제로 오늘날 한국 문화는 '한류'라는 근사한 타이틀을 걸고 전 세계로 거침없이 뻗어나가고 있지 않습니까? 그런데 이런 상황에서 낯선 해외 문화를 배타적으로 대하고 밀어낸다면 종국에는 그 역작용으로 한국 문화를 향한 배척과 차별 현상이 해외에서 일어날 수도 있다고 봅니다. 문화는 상호 교류적 의미가 있기 때문에, 예컨대 한국이 이주 노동자를 지나치게 차별한다는 사실이 반복해서 외부로 알려지면 결국 한국 문화의 세계화에 큰 걸림돌이 될 수 있다고 생각해요.

그렇다면 이 문제를 어떻게 극복할 수 있을까요? 개인적으로 저는 다양한 주제를 두고 대한민국 구성원이 허심탄회하게 소통하는 일부터 시작해야 한다고 봅니다. 이렇게 폭넓은 대화를 바탕으로 형성된 긍정적 여론이 뒷받침되어야 문제 해결을 위한 구체적 방법이 현실화될 수 있을 것입니다.

역사적인 관점에서, 대한민국이 상대적으로 '동질한(homogeneous)' 사회로 자리매김한 배경에는 중국과 일본, 러시아와 미국 등 주위

열강 사이에서 잡아먹히거나 멸망하지 않고 명맥을 유지하게 해 준 나름의 순기능도 있었다고 봐요. 그러므로 동질성은 이제 시대착오적이니 무조건 개방해야 한다고 주장하는 것 또한 바람직하지 않다고 생각합니다. 이 문제는 어느 한쪽은 옳고 어느 한쪽은 틀렸다라고 볼 수 있는 게 아니잖아요. 사회적 여론을 모으고 공론화하는 과정에서 좀 더 성숙한 공동체를 만들어 가는 게 그 어느 때보다 필요한 시대라고 저는 생각합니다.

사실 다양성을 수용하는 것은 결코 쉬운 일이 아닙니다. 사회 구성원 사이에서 보편성을 획득하고 일반화하는 과정이 있어야 해요. 그래야 자연스럽게 이주민을 포용하는 공동체가 될 것입니다. 그리고 그러기 위해서는 반드시 법과 제도가 뒷받침되어야 합니다. 사실 지금의 법과 제도는 여전히 기득권을 유지하기 위한 수단으로, 내국인을 위한 배타적 도구로 사용되는 수준이어서 당위적 호소가 설득력을 갖기 어렵습니다. 다시 강조하자면, 법과 제도의 대대적인 정비가 이루어지고 그와 보조를 맞추어 다양성이 폭넓게 수용되는 과정이 뒷받침되어야 할 것입니다.

염운옥   한국인이 지닌 '동질성'이 우리가 열강 속에서 살아남을 수 있는 하나의 중요한 생존 수단으로 작용해왔다는 교수님 말씀에 동감합니다. 반세기 넘도록 한국인이 발을 딛고 생활해온 공간이 한반도의 남쪽 절반이라는 폐쇄된 공간으로 한정돼 있었다는 점이 동질성을 강화하는 요인이 되지 않았나 하는 생각도 들고요.

그런데 관점을 조금 달리해서 보면, 한국인이 이 좁은 한반도에서만 사는 건 아니거든요. 말하자면 한반도를 벗어나 세계 각지에 진출해 있는 사람의 숫자가 남북한 인구를 합한 숫자(약 7,600만 명)의 10퍼센트가 넘는 800만 명이나 된다고 해요. 그들이 한국과는 전혀 다른 문화 환경에서 다양성을 온몸으로 체험하며 살아가고 있기에 '한국의 다양성'이라는 문제는 그만큼 폭이 넓어진다고 생각합니다. 구체적인 예를 들어, 한국 문화가 만들어낸 한류 현상을 보더라도 한국의 다양성은 이미 충분히 의미 있고 긍정적인 현상으로 평가할 만하다고 봅니다. 즉, 한국 문화가 전 세계에 널리 알려지고 다양한 인종, 다양한 배경의 사람들이 함께 즐기는 문화로 자리매김하지 않았나요?

한류 현상을 통해 한국 문화는 한반도라는 좁은 울타리를 뛰어넘어 전 세계적 공간, 전 세계적 가치와 마주하고 있습니다. 이런 맥락에서 '우리는 우리 자신과 다른 성격, 외형을 지닌 낯선 사람을 향해 얼마나 열려 있는가?' 또 '우리는 어떤 태도로 그들을 대하는가?'라는 점을 전 세계인이 알게 될 테고, 그 연장선에서 그들과 긴밀히 상호 교류하고 협력하며 긍정적인 방향으로 나아가야 한다고 생각합니다.

이수정 그렇다면 이런 다양성 시대에는 나와 다른 사람들이 어떻게 공존할 것인가가 매우 중요한 현안이자 목표일 수밖에 없는데, 이와 관련해 혜안을 제시해주실 수 있을까요?

<u>염운옥</u>　이게 참 어려운 문제입니다. 우선, 저는 많은 이들이 '다른 사람과 공존하는 것이 나에게 이익이 된다', '공존이 나를 좀 더 나은 방향으로 나아가게 하고 좋은 결과를 가져다준다'라고 생각할 수 있도록 이끌어가는 일이 중요하다고 봅니다.

　가만히 우리를 돌아보면, 해외에 거주하는 한국인 교포가 인종 차별을 당했다는 소식을 들으면 한국인 대다수가 분노하잖아요. 그리고 이주 외국인이 미등록 상태로 국내에 체류하다가 어렵게 법적으로 구제되었다는 소식을 들으면 '아, 다행이다'라고 생각하는 사람이 많지 않나요? 그 마음의 실체는 무엇일까요? 역지사지하는 자세로, 우리 안에 있는 그 마음을 한국에 와 있는 외국인에게도 내어주면 어떨까요?

　마지막으로, 이주 외국인뿐 아니라 우리 사회의 다양한 '소수자'에게도 그런 마음을 내어주기 위해 노력했으면 합니다. 소수자들이 마음 편히 자기 이야기를 털어놓을 수 있도록 사회 전체가 귀 기울여 듣는 경청의 자세를 가졌으면 하는 마음입니다.

<u>이수정</u>　저는 애써 각자에게 동기부여까지 해주며 공존을 위해 노력해야 하는 상황이 더는 아니라고 생각합니다. 이는 이미 불가피한 일이 되었어요. 현재 우리나라 출생률은 0.8도 채 안 되잖아요. 그러므로 지금부터 30년쯤 지나면 인구가 크게 줄고, 그 추세로 계속 나아가다가는 오래 지나지 않아 대한민국이 사라질 수 있다는 위기감이 팽배해지고 있습니다. 결국 나와 여러 면에서 다른 사람,

즉 '이주민'이라고 불리는 다양한 사람과 손잡지 않으면 생존 자체가 어려워지는 시대가 도래할 것이라는 절박감이 커지고 있는데, 이보다 더 큰 동기는 없지 않을까요?

마지막으로, 앞에서도 강조해서 말씀드린 바와 같이 저는 무엇보다 법과 제도의 정비, 특히 이 땅에서 태어나 자라는 사람이라면 누구나 대한민국 국민으로서 권리를 누릴 수 있도록 돕는 법과 제도가 절실히 필요하다고 생각합니다. 그렇기 때문에 출생신고 제도 등을 현실에 맞추어 뜯어고치고, 이주민의 피가 섞인 사람은 물론이고 이주민의 자녀라도 한국 사회에서 내국인과 똑같이 교육받고 똑같이 대한민국 구성원으로 성장할 수 있도록 해야 한다고 생각합니다. 이를 위해 '혐오범죄방지법' 등을 전격 도입하는 방법도 적극적으로 고민하고 실행에 옮겨야 할 것이고요. 이런 것이 선행되어야 교육을 통해 생각을 바꾸고 문화를 바꾸는 일도 가능할 것이라고 생각합니다.

범죄심리학에 집중해온 저는 평소 '다양성' 문제를 깊이 생각해보지 못했음을 솔직히 말씀드립니다. 그런데 오늘 교수님 말씀을 들으며 '다양성'이 한국 사회에 만연해 있는 적대주의와 혐오를 줄일 수 있는 매우 의미 있고 유익한 주제가 될 수 있다고 생각하게 됐습니다.

염운옥 네, 저도 오늘 대담에서 많은 것을 느끼고 배웠습니다. 저는 나름대로 '인종주의'와 '이주민과의 공존' 등의 주제를 많이 고민해왔다고 생각하는데요, 교수님 말씀을 들으면서 '선의', '선량함' 같은 것에만 의존하고 집중하는 논의는 모양새는 그럴듯해 보일지 몰라도 내실은 없는 속 빈 강정일 수 있겠다고 깨달았습니다. 그리고 다양성이 '미래에도 우리 한국인이 생존할 수 있을 것인가'라는 절박한 문제와 맞닿아 있음을 알았고요. 긴 시간 동안 좋은 말씀 들려주셔서 감사합니다!

IN THE OTHER
ZONES

〔 talk
02 〕

생존의
필수 조건
: 다양성

장대익 · 조영태

<u>장대익</u> 안녕하세요, 교수님!

<u>조영태</u> 오랜만에 뵙습니다. 정말 반갑습니다 교수님! 교수님의 강연을 들으면서 제 뇌리에 딱 꽂혀서 안 잊히는 문장이 몇 개 있습니다. 첫째, "다양성도 진화한다"라는 문장이고요. 둘째는 그보다 더 중요한 내용이라고 생각하는데, 바로 "다양성도 학습해야 한다"라는 문장입니다. 그리고 개인적으로, "인구 문제를 해결하기 위해서는 다양성이 확대되어야 한다"라는 말씀이 무척 인상 깊었습니다.

<u>장대익</u> 네, 교수님은 인구학자 관점에서 "향후 우리 잘파세대가 본질적으로 달라질 것"이라고 말씀하셨잖아요? 좀 더 구체적으로, "우리 잘파세대가 문화적으로 다양성에 적합한 세대이고, 또 이 세대를 중심으로 사회 전반적으로 다양성을 확장해가야 한다"고 하셨죠? 또 "그런 부분이 다양성을 만들어내는 원천이다"라고 하셨는데, 생각할 거리가 정말 많은 말씀이라고 느꼈습니다.

우리는 다양성을 추구해야만 하는 시대에 살고 있다

__조영태__ 교수님 강연을 들으면서 몇 가지 질문이 떠올랐습니다. 그중 첫 번째 질문을 해보겠습니다. 우리가 다양성을 주제로 논의하다 보면 아무래도 '다양성은 매우 좋은 것'이라는 방향으로 이야기하게 되잖아요? 그렇다면 진화론을 연구하는 교수님의 관점에서는 어떤가요? 우리는 다양성을 좋은 것이라고 인지해야 할까요? 만일 그렇지 않다면, 과연 다양성을 어떻게 봐야 할까요?

__장대익__ 이 질문은 진화학자 입장에서 사실 답변하기 어려운 문제입니다. 왜냐하면, 어떨 때는 획일적인 목표를 세우고 그 목표를 향해 달려가는 것이 개인이나 집단에 도움이 되고요. 또 어떨 때는 집단 안에 다양성이 살아 있어야 개인에게도 유익하고 집단의 유지 및 발전에도 도움이 되기 때문입니다. 좀 더 구체적으로 말하면, 주위 환경이 안정적일 때는 하나의 목표를 정해서 한곳을 향해 일사불란하게 나아가는 것이 유리합니다. 반대로 계속 환경이 변하거나, 특히 그 변화 속도가 매우 빠를 때, 그리고 특정 집단 내에 다양한 요소, 다양한 변인이 존재할 때는 그러한 다양성이 긍정적으로 작용하여 집단이 한층 건강해지고 변화에 대한 개인의 대응력도 향상된다고 봅니다.

이런 맥락에서 저는 다음과 같이 생각해보면 어떨까 합니다. 현대 사회는 굉장히 빠르게 변해가고 있습니다. 그런 변화의 흐름 속

다양성, 형평성, 포용성(Diversity, Equity, Inclusion, DEI)의 시대

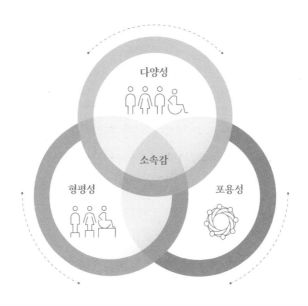

에서 많은 사람, 다양한 집단이 서로 만나고, 만나서 함께 뭔가를 도모합니다. 그리고 협업을 통해 혼자 힘으로는 엄두도 내지 못하는 대단한 일을 해내고 위대한 결과물을 만들어냅니다. 그 과정에 다양성이라는 가치가 큰 힘을 발휘하죠.

우리는 왜 다양성을 추구해야 할까요? 간단히 말해, 다양성을 추구해야만 생존할 수 있는 시대에 살고 있기 때문입니다. 어느 시대에나 다양성이 절실히 필요했을까요? 그렇지 않습니다. 예컨대

오랜 옛날 씨족사회나 부족사회에서는 다양성이 그다지 필요하지 않았습니다. 당시에는 다른 가족이나 부족을 만날 기회도 별로 없고, 그저 작은 공동체 안에서 익숙하고 편한 사람들끼리 필요한 자원을 공유하며 살면 되었기 때문입니다.

조영태 네, 그렇군요. 저는 인구학적 관점에서 생각해보려고 합니다. 과거에는 인간 사회, 그리고 인간관계가 오늘날처럼 복잡하지 않았잖아요? 옛날 사람들은 오늘날에 비해 훨씬 단순하게 살았고 '다양성'과는 거리가 먼 방식으로 생활했습니다. 다양성이 높지 않고 동질성이 높은 사회의 경우 그 체제와 시스템을 유지하는 일이 그다지 어렵지 않았습니다. 그런데 우리가 사는 현대 사회는 모든 것이 매우 복잡하고 모든 것이 매우 빠르게 변화하지 않습니까? 여기에 똑같은 것을 추가할 것인가, 아니면 서로 다름을 인정하고 그것을 긍정적으로 활용하는가에 따라 전혀 다른 가치가 만들어지는 것 같습니다. 이런 맥락에서, 그리고 인구학적 관점에서, 교수님의 말씀은 새겨볼 만한 내용이 많다고 생각합니다.

장대익 좀 더 큰 틀에서 볼까요? 지금으로부터 약 15억 년 전쯤, 그러니까 지구 행성에서 맨 처음 생명이 탄생한 뒤 약 25억 년이 지난 시점까지 지구는 상당히 밋밋했을 것으로 추정됩니다. 당시에는 이른바 '무성생식'에 의해 생명이 번식하고 대를 이었는데, 앞세대가 뒷세대에 유전자 세트를 그대로 물려주는 방식이었죠.

이것이 재생산의 가장 단순한 방식입니다.

이렇게 생명이 무성생식으로 번식하고 대를 이어가는 방식의 생태계에서는 다양성 자체가 사실상 존재하지 않습니다. 아니, 엄밀하게 말하면 당시에 다양성이 존재하기는 했습니다. 생명이 다음 세대에 유전자 세트를 물려주는 과정에서 매우 낮은 빈도로 에러가 발생하는데, 이것이 바로 일종의 다양성이었던 셈입니다.

그러다가 15억 년 전쯤 희한한 일이 발생했습니다. 간단히 말씀드리자면, 어떤 특정 호스트가 기생자의 침입을 받게 된 겁니다. 기생자의 침입을 받은 호스트는 무척 고생하는데, 무성생식으로 번식하는 생명체라면 자기 유전자 세트, 그리고 기생자의 침입을 받은 그 상태를 그대로 다음 세대에 물려주게 됩니다. 그러면 어떻게 될까요? 심한 경우 앞세대 생명체에게서 유전자 세트를 물려받은 생명체는 그 탓에 죽고 맙니다. 그것으로 그 생명체의 번식과 유전자의 여정은 끝나는 거죠.

그런데 이때 만약 유전자가 이미 다양성을 획득한 상태라면 죽지 않고 생존하는 가능성이 생깁니다. 이런 맥락에서 호스트, 즉 숙주가 되는 생명체가 개발하고 진화한 것이 '성(性)'이에요. 성에는 예컨대 남성과 여성, 두 개의 성이 있잖아요? 두 성이 섞이는 과정에서 일종의 '유전자 칵테일'이 생깁니다. 이런 과정을 거치다가 15억 년 전쯤부터 '알록달록'해졌어요. 생명의 세계에 다양성이 크게 확장된 겁니다. 이런 관점에서 볼 때 우리 인간을 포함한 생명의 역사에서 다양성은 근원적 가치를 지니고 있습니다.

독자 중에는 이렇게 질문할 사람이 있을지 모르겠습니다. '무엇이든 다양성을 가지고 있으면 좋은 거 아닌가요?'라고. 꼭 그렇지는 않습니다. 우리 인간에게 '다양성이 무조건 좋다'라는 명제를 그대로 적용할 수는 없다는 겁니다. 왜냐하면 인간 사회에서는 다양성보다 오히려 획일성이 도움 될 때가 드물지 않기 때문입니다. 그런데 그렇기는 해도 지금 우리가 살고 있는 현대 사회는 획일성이 도움 되는 시대가 아닙니다.

조영태 교수님이 강연에서 말씀하신 것처럼, 획일성은 경쟁을 낳지 않습니까? 사회가 유지되고 발전하는 데 있어서 경쟁은 없어서는 안 되는 것이고, 어떤 면에서는 윤활유이자 기폭제가 되기도 합니다. 그런데 이게 너무 심해지면 문제가 커집니다. 그렇다면 과연 다양성이 좋은 것이냐 혹은 나쁜 것이냐를 판단하자니, 이 또한 양면적이라는 것입니다. 즉, 어느 선까지는 다양성이 살아 있는 것이 인간 사회를 유지하고 발전시키는 데 도움이 되지만 그 선을 넘어서면 좋지 않습니다. 획일성과 다양성, 두 속성 모두 그 '선'이 어디인가를 정확히 판단하고 실행에 옮기기가 쉽지 않은 것 같습니다.

앞서 말씀드린 대로, 인구 변동 측면에서 볼 때 한국 사회는 과거에 다른 나라보다 자녀를 많이 낳다가 지금은 너무 적게 낳아서 문제가 되고 있지 않습니까? 그 과정을 보면 '다양성' 측면에서도 많은 변화가 있었다고 판단됩니다. 왜냐하면 그 수십 년 동안 한국 사회의 전체 인구에 큰 변화가 있었기 때문에 '출산율이 높던 예전

에는 다양성이 높았다. 그런데 출산율이 낮은 지금은 그렇지 않다'
라고 말하기는 어렵지만, 급격한 인구 변화를 겪으며 시나브로 다
양성이 떨어지는 것만은 틀림없어 보이거든요.

　다양성 측면에서 다른 나라, 다른 사회, 다른 집단과 비교할 때
그 지수가 다소 낮아진 것은 분명해 보입니다. 인구학적 관점에서
한국 사회는 왜 이런 사회가 되었을까요?

　조영태　강연에서도 말씀드렸듯이, 다양성이 높은 사회와 그렇지
않은 사회를 구분할 때 사용하는 인구학적 기준으로 '이동' 현상을
들 수 있습니다. 과거에는 우리나라는 물론이고 전 세계적으로 이
동 현상이 많이 발생하지 않았습니다. 오늘날처럼 교통수단이 발
달하지 않았으니까요.

　그런데 20세기 이후에는 특히 미국이나 유럽의 경우 광대한 영
토와 고도로 발달한 과학기술 덕분에 대륙 내부에서 움직임이 활
발해지고 이동도 많이 일어났습니다. 아니, 단지 내부 이동만 많아
진 게 아니죠. 다른 대륙, 다른 나라 사람들도 미국과 유럽으로 활
발히 이동했습니다. 좀 더 구체적으로, 유럽을 예로 들면 '프랑스
에서 태어나 자랐지만 독일에서 직장을 다니며 생활한다'거나 '스
페인 출신이지만 영국에 거주하며 생활한다' 식의 라이프 스타일
이 흔해진 겁니다.

　반면 한국의 경우 1950년 한국전쟁 이후 상당 시간을 별다른 이
동 없이 마치 섬나라처럼 살아왔잖아요? 그 탓에 한국 사회는 미

국이나 유럽 여러 나라, 여러 사회에 비해 다양성 수준이 낮을 수밖에 없었습니다.

이렇듯 인구학적 측면에서 '이동'이 중요한 핵심 요소인데, 한국 사회에서는 꽤 오랫동안 구성원이 다른 나라로 이동하기 어려웠다는 점이 첫손가락으로 꼽아야 할 요인이라고 봅니다. 두 번째 요인으로는, 우리 사회 내부에서 이동이 아예 없었던 것은 아니지만 유교 문화에 근간을 둔 교육 시스템이 구성원 간 활발한 이동이 일어나 다양성을 확산하는 데 어느 정도 걸림돌로 작용한 측면을 꼽을 수 있습니다. 그러니까 우리 교육 시스템이 가진 획일성, 즉 '우리의 성공 가치는 정해져 있어!', '성공의 길로 가려면 반드시 공부를 잘해야 해!', '공부만 잘하면 성공은 떼어놓은 당상이야!' 식의 논리와 주장이 판치는 사회 말입니다. 이와 관련해 "'공부를 잘해야 성공한다'라는데, 어떤 공부를 말하나요?"라고 누군가가 물으면 "당연히 국·영·수지"라고 획일적으로 대답합니다.

이렇듯 성공 가치가 획일화돼 있는 측면이 한국 사회의 다양성을 낮춘 주요 원인이 아닐까 생각합니다.

장대익　대학 입학 문제만 봐도 한국 사회는 과거에 비해 획일성은 높아지고 다양성은 낮아졌음을 알 수 있습니다. 몇십 년 전만 해도 서울에 있는 대학뿐 아니라 부산이나 대구, 대전이나 광주에 있는 대학도 나름대로 좋다고 생각했잖아요? 그런데 지금은 그렇시 않죠. 이른바 '인 서울'을 가장 중요하게 여기고 서울 이외 지역에 있는 대학은 평가절하하잖아요. 대학 선택 문제에서 다양성은 낮아지고 획일성이 높아진 거죠.

학부모의 자녀 양육 과정을 살펴보면 초등학교 때까지는 별문제가 없어 보입니다. 왜냐하면 초등학교 때까지만 해도 아이들에게 독서 훈련도 많이 시키고 운동, 음악, 그 밖의 취미 활동 등 나름대로 다양한 가치를 심어주고 길러주는 교육을 하니까요. 그러다가 아이들이 중학교·고등학교에 진학하면 갑자기 '대학 입시 모드'로 급전환됩니다. 이때부터 '좋은 대학 합격'이라는 단 하나의 기준이 모든 학생의 획일적인 목표가 돼버리는 거죠. 사실 그전까지만 해도 아이들에게는 '나는 공부는 좀 못하지만 운동을 잘해!', '나는 놀이에 강해!', '나는 노래를 잘해!', '나는 춤을 잘 춰!' 등 저마다의 장점이 자존감을 높이고 다양한 가치를 드러내고 실현하도록 돕는 긍정적인 역할을 했거든요.

그런데 대학 입시가 모든 학생의 획일적인 가치이자 목표가 되면서, 이를테면 다음과 같은 현상이 나타납니다. 어떤 친구가 공부를 잘해서 시험만 보면 1등을 도맡아 하는데, 어느 날 갑자기 전학 온 다른 친구가 1등 자리를 차지하고 계속 1등을 합니다. 그러면 예전에 줄곧 1등을 하던 아이는 점점 공부하기가 싫어지고 심지어 학교 가는 일도 즐겁지 않게 되죠. 다양성이 살아 있는 교육 시스템이 작동한다면 '1등을 놓쳤지만 나는 더 잘하는 게 있어. 그러니 문제없어, 괜찮아!'가 될 수 있습니다. 그러나 좋은 대학에 가는 것이 획일적인 가치이자 목표인 시스템 속에서는 1등을 제외한 나머지 학생은 자존감을 회복할 길이 없어요. 그렇다 보니 대다수 학생에게 학교에 가는 일은 괴로운 일이고 학교 생활 자체가 지옥이 되는 겁니다. '우리는 공부를 잘해서 선생님과 부모님에게 칭찬받는 아이들을 위한 들러리 신세'라는 자괴감에 빠지기 쉽죠. 저는 이러한 현상의 기저에 수백 수천 년 동안 벼농사를 지어오면서 형성된 집단주의와 그 밖의 여러 요소가 어우러져 공진화해가는 과정에 공부를 포함한 특정 기술을 가진 사람을 지나치게 우대하는 그릇된 풍조가 깔려 있는 게 아닌가 생각합니다.

조영태 경쟁이라는 요소는 분명 한국 사회를 경제적으로 성장하게 하고 발전시킨 주요 원동력입니다. 동시에 경쟁은 그야말로 '투 머치(too much)'가 되어서 오히려 한국 사회의 초저출산 문제라는 부작용을 낳기 시작했을 뿐 아니라 'OECD 국가 중 20대 자살률 1위'라는 불명예스러운 타이틀까지 얻게 했습니다. 우리는 경쟁의 부작용이 너무도 큰 시대를 살고 있는 거예요.

이 문제와 관련해서 교수님께 한 가지 질문을 하고 싶습니다. 다양성이 살아 있는 사회가 된다는 것은 달리 말하면 포용성이 높은 사회라는 의미이지 않습니까? 만일 그렇다면 진화학자인 교수님의 관점에서 볼 때 '다양성은 무엇인가?', 그리고 '포용성이 왜 중요한가?'라는 질문에 어떤 의견을 주실 수 있을까요? 또 하나, 향후 세계는 과거보다도 더욱 다른 사람을 포용하고 다양성을 높이는 일이 중요할 것이라고 생각하는데, 이 점에 대해 교수님은 어떻게 생각하시는지요?

장대익 진화학자의 관점에서 사회를 볼 때마다 특별히 느끼는 게 있습니다. 그게 뭐냐면, 우리 사회 구성원 하나하나가 서로 너무 다르다는 거예요. 이것은 명백한 사실이잖아요. 저는 바로 이 점에서 출발해야 한다고 봅니다. 그런데 우리는 이를 부인하려고 해요. 우리가 관찰할 수 있는 모든 체계는 다양한 변이로 가득 차 있습니다. 진화론을 창시한 찰스 다윈(Charles Robert Darwin)이 우리에게 남겨준 놀라운 지적 유산은 '진화는 변이로부터 시작된다'라는 명제인데요. '변이'가 없이는 '선택'이 일어날 수 없습니다. 그러니까 인간의 삶에는 언제나 변이의 요소가 충만합니다.

동시에 우리에게는 '다름을 불편하게 느끼는 본능'도 내재해 있어요. 실제로 이와 관련해 심리 실험을 해보면 자기 자신과 여러 면에서 유사하거나 자신과 교류를 많이 하고 소통을 많이 한 사람일수록 더 공감을 잘합니다. 이런 맥락에서, 예컨대 우리가 이주 외국인, 탈북자, 장애인 등 자신과 다르게 생겼거나, 다른 가치관을 가졌거나, 다른 처지에 놓인 사람을 어려서부터 일상적으로 접촉하거나 만나지 못했다면 그 감정이 아예 길러지지 않거나 그러한 감정을 쉽게 잃어버리게 되는 거죠.

그러므로 저는 가장 중요한 요소는 다름 아닌 '공감 지수'라고 생각해요. 즉, 다른 사람의 처지와 관점으로 사물과 상황을 볼 줄 아는 능력, 그것이 다양성 지수와 맥을 같이한다고 봅니다. 오늘날 우리 사회는 글로벌 세계에 속해 있습니다. 다른 사람과 잘 어우러지고, 활발히 교류하고, 원활히 소통할 줄 아는 사람에게 유리할 수밖에 없는 세상인 겁니다. 이런 사회, 이런 세상에서 잘 살아가려면, 좀 더 직설적으로 말해 그야말로 생존하려면, 공감력을 키우는 것, 즉 '다른 사람의 입장과 관점에서 생각할 줄 아는 능력'이 필수 요소일 수밖에 없습니다.

젊은 세대의 다양성 지수와 공감 지수는
기성세대보다 훨씬 높다

조영태 어려서부터 갖게 되는 '만남의 경험'이 공감력을 키우는 데 중요하다고 말씀하셨잖아요? 그런데 직접 면대면으로 이루어지는 만남만이 아니라 인터넷 화면 등을 통한 만남도 특히 오늘날의 젊은 세대에겐 매우 중요하고 또 익숙하다고 하셨고요? 저는 실제로 그것이 발현되는 사례 중 하나가 몇 년 전 미국에서 일어난 '블랙 라이브스 매터 운동'이 아닌가 합니다. 사실 과거에도 흑인이 백인 경찰에게 폭행당하거나 심지어 살해당하는 일이 종종 일어나지 않았습니까? 그런 참혹한 분위기와 환경에서 마틴 루서 킹 주니어(Martin Luther King Jr., 1929~1968) 목사가 시작했던 인권운동 같은 BLM 운동이 있어왔거든요. 미국 유학 시절, 그런 현상을 보면서 주위 백인 친구들은 겉으로는 그런 운동에 공감하는 것처럼 애기하면서도 정작 인권운동과 시위에 동참하는 걸 본 적이 없어요. 한데, 몇 년 전에 일어난 BLM 운동 당시에는 이른바 과거 BLM 운동과는 전혀 차원이 다른 점이 눈에 띄었습니다.

그중 하나는 흑인 외에도 아시아인, 히스패닉, 백인 등 거의 모든 인종의 사람이 이 운동에 앞장서거나 적극적으로 참여했다는 점이에요. 그리고 더욱 인상적이었던 점은 그들 중 대다수가 매우 젊거나 어린 친구들이라는 사실이죠. 그들이 구체적으로 누구인지 심층 분석한《뉴욕타임스(The New York Times)》기사를 읽은 적이 있는데, 그에 따르면 그 친구들이 'BLM 운동'에 적극적으로 참여하게 된 계기가 어려서부터 같은 반에 다른 인종 친구가 많았기 때문이라는 거예요.

반면 기성세대는 BLM 운동이 '정치적으로 올바른(politically correct)' 것이니까, '머리로는 동의하지만 직접 참여하지는 않겠어. 왜냐하면 나는 그들(흑인)과는 전혀 다른 삶을 살아왔으니까!'라는 식으로 생각하는 겁니다. 그런데 오늘날의 젊은 세대는 어려서부터 다른 인종, 다른 백그라운드, 다른 환경의 아이들과 뒤섞여(mingle) 지내왔기 때문에 BLM 운동에 실제로 동참하는 일이 전혀 어색하거나 이상한 게 아닌 거죠. 단지 자기 친구이자 동료일 수 있는 한 사람이 억울한 피해를 보거나 심지어 끔찍하게 살해당하는 일이 일어날 수 있다는 사실에 분노하고, 그런 분위기를 진심으로 바꾸고 싶어 하는 거예요.

저는 정말 놀란 기억이 있습니다. 기억하실지 모르겠지만, 한국 사회에서도 BLM 운동이 일어난 적이 있었어요. 대학로에서였을 거예요. 그때 기성세대 중 이렇게 말하는 사람들이 있었죠. "너희들이 도대체 미국 흑인과 무슨 관련이 있다고 이런 일을 벌이냐?"라고. 그런데 이 친구들은 기성세대와 달리 BLM, 즉 흑인의 삶과 죽음에 공감됐나 봐요. 그리고 그 운동이 SNS를 통해 전 세계로 생중계되었죠. 전 세계 Z세대가 사회의 다양성을 인지하고 함께 공감했기 때문에 가능한 일이었어요. 이런 현상을 지켜보면서 저는 다양성과 관련해 어려서부터 많은 경험을 해온 '젊은 세대가 다양성 지수와 공감 지수 측면에서 기성세대보다 훨씬 높구나'라고 느꼈습니다.

장대익 경험하고 공유하는 일이 중요하다고 말씀하셨는데, 최근 국내외 정치적·이념적 대립이 여전히 심하지 않습니까? 예컨대 서로 다른 정치적 입장을 가진 사람들이 상대방을 향해 손가락질하면서 '어떻게 저런 걸 곧이곧대로 믿냐?', '어떻게 너희는 민주당을 지지하냐?' 혹은 '어떻게 공화당을 지지하냐?'라며 거세게 비난하잖아요?

그런데 '강아지 키우는 일'을 예로 들어 생각해보면 전혀 다른 관점이 생길 수 있거든요. 이런 식인 거죠. 많은 사람이 모인 장소에서 '강아지 키우는 분들 손 좀 들어보세요'라고 한 다음, 손을 든 사람 중 두 사람을 지목해서 대화하게 하는 거예요. 그러면 처음 만난 두 사람이 즐겁게, 열정적으로 강아지 얘기를 한단 말이죠.

바로 이 지점에서 '공통의 경험'이 생기고 공감대가 형성되는 거예요. 정치적 문제를 놓고 서로 삿대질하며 죽일 듯 싸우고 미워하던 사람들도 이런 유쾌한 경험을 공유하게 되면 어느 순간 '저 사람도 나와 별로 다를 게 없구나!', '저 사람도 나와 똑같이 즐거움을 느끼고 고독을 느끼는 사람이구나' 하고 깨달으면서 마음이 활짝 열리는 겁니다.

교수님 말씀대로, 저는 직접적이든 간접적이든 이런 공통의 긍정적인 경험을 하는 것이 다양성을 높이는 가장 좋은 방법이라고 생각합니다. 또 같은 맥락에서 저는 '타인을 포용하는 다양성', 그리고 다양성이 발현되는 과정에서 갖게 되는 공감력이 우리 미래 세대가 지닌 최고의 경쟁력이라고 봅니다.

지난 강연에서 MZ세대도, Z세대도 아닌 α세대를 언급하셨는데, 이 세대에 대해 좀 더 자세히 살펴보았으면 합니다. 또한 교수님이 말씀하신 내용 중 개인적으로 가장 흥미로웠던 부분이 우리나라의 '산업 현황'과 '제조업의 미래'에 관련된 것이었는데요. 제가 이해하기로는, 한국 제조업이 좀 더 발전하고 제대로 경쟁력을 갖추기 위해서는 이주 외국인의 노동력에 지나치게 의존해서는 안 된다는 취지였던 것 같습니다. 그렇다면 우리나라 제조업은 외국인 노동력을 받아들여서 부족한 부분을 보충하기 위해 노력하지 말아야 한다는 의미인 건지, 외부 인구 유입으로 부족한 노동력을 보충하려는 시도 자체를 잘못된 것으로 보아야 한다는 건지 궁금합니다.

우리나라 산업의 경쟁력과 다양성

조영태 제조업이 나쁘다는 의미는 결코 아닙니다. 그럴 수 없잖아
요? 우리가 일상적으로 사용하는 모든 제품이 제조업을 통해 생산
되니까요. 어딘가에서 누군가는 반드시 제조업 일을 해야만 우리
사회가 유지될 수 있죠. 다만 제조업에도 옛날 방식의 노동 집약
적 제조업이 있고, 공장 내 자동화가 거의 완벽하게 이루어져서 효
율적이고 효과적으로 생산이 이루어지는 최첨단 시스템의 제조업
이 있지 않습니까? 실제로 오늘날 제조업에 주력하는 대기업의 경
우 80~90퍼센트 자동화가 이루어졌고, 일부는 관리 부분까지도
90퍼센트 이상 자동화되었다고 합니다.

이런 흐름이 이미 시작되었으니, 이를테면 제조업체는 지금까
지 사람이 주로 해온 영역을 계속 사람의 노동력에 의존하기보다
는 자동화 같은 첨단기술을 도입해 업그레이드해가자는 겁니다.
현실적으로도 그럴 수밖에 없는 것이, 한국 사회에서 제조업에 투
입될 만한 노동력이 갈수록 부족해지고 있잖아요. 우리 젊은 세대
는 제조업 생산 현장에 적합한 인력이 되는 교육을 받지 않았습니
다. 이러한 원인이 크다고 봅니다.

이런 맥락에서 저는 제조업이 인력 부족 문제를 해결하면서 경
쟁력을 계속 유지하고 높여나가기 위한 방안으로 자동화 도입이
시급하지 않나 말씀드린 거예요. 당연히 제조업이 필요 없다는 의
미가 아닙니다.

지난 수십 년에 걸쳐 제조업체 가운데 특히 대기업은 많은 변화를 시도하지 않았습니까? 앞에서 말씀드린 대로, 그들은 자동화를 이루고 공장을 해외로 이전하는 등 각고의 노력을 기울이며 경쟁력을 강화했어요. 정말 걱정 되는 부분은 중소기업입니다. 그동안 급성장해오던 중소기업이 근래에 갑자기 어려움에 직면하는 경우가 늘었잖아요? 중소기업에서 생산한 제품이 예전처럼 잘 팔리지 않고, 그 탓에 업계 전반의 상황이 안 좋아진 데에는 몇 가지 원인이 있다고 봅니다. 그중 하나로 '제품 경쟁력 약화'를 꼽을 수 있는데요, 예를 들면 이런 식인 거죠. '우리가 만든 제품이 전 세계 시장으로 팔려나가야 하는데, 그러질 못하고 있어. 수출을 염두에 두고 생산했는데, 막상 팔려고 보니 내수용밖에 안 되는 거야. 게다가 내수시장 상황마저 안 좋으니 국내 시장에서도 판매가 잘 안 되고, 앞이 캄캄하네!'

　상대적으로 기술 노하우와 자금력을 갖춘 대기업은 자동화로 이전하는 데 큰 어려움을 겪지 않을 수 있지만 중소기업은 여러 측면에서 난국을 타개해나가기가 쉽지 않아 보입니다. 그러니 상대적으로 여유가 있는 대기업처럼 경쟁력을 강화하기는커녕 유지하기도 어려운 거죠. 이런 측면에서 보면 오늘날 제조업이 고전하며 갈수록 상황이 안 좋아지는 데에는 노동력 부족, 즉 일할 사람이 없다는 문제만 있는 것은 아니라고 생각합니다. 어쩌면 그보다 더 큰 원인으로 대내외 시장 상황 변화와 경제 패러다임 변화를 꼽아야 할 것 같습니다.

<u>장대익</u> 교수님도 아시겠지만, 현재 제가 소규모 기업을 운영하고 있지 않습니까? 말하자면, 스타트업을 시작한 셈인데요. 사실 제가 운영하는 기업이 제조업은 아니지 않습니까? 좀 더 구체적으로 말씀드리자면, 저희 회사는 ICT(Information and Communication Technologies)에 속하는데요. 일의 속성상 외국인과 협업을 많이 할 수밖에 없는 구조예요. 외국인과 활발히 소통하고 효율적으로 협업해야 굴러가는 기업이지만 저희는 아직 그 외국인을 단 한 명도 한국으로 이주시키지는 않고 있어요. 그러니까 회사가 있는 판교로 외국인, 특히 베트남 젊은이들을 이주시키는 대신 베트남에 거주하는 젊은이들과 온라인상에서 소통하며 함께 일하는 방식인 거죠.

이렇게 외국인 친구들과 함께 고민하고 일하며 제품·서비스를 개발하거나 마케팅을 돕게 하는 방식으로 운영하는데, 비록 그들이 대한민국이라는 물리적 공간에 머무르지는 않지만 우리와 같이 부대끼며 일하는 명백한 동료거든요. 말하자면, '함께 있는' 거예요. 한데, 여기에서도 역시 중요한 점은 그들의 마음을 이해하고 제대로 소통하는 것이 아닌가 싶습니다. 즉, 그들의 문화를 깊이 이해하는 일이 매우 중요할 수밖에 없고, 이것이 전제되어야만 비즈니스도 성공할 수 있다고 생각합니다. 이런 맥락에서 볼 때 기업을 운영하며 사업을 성장시키는 데에 있어 '물리적 이주'보다 '정신적 이주'가 더 중요할 수 있고, 결국 함께하는 이들의 상황과 처지를 잘 이해하고 공감하는 일에 무엇보다 신경써야 한다고 생각해요.

<u>조영태</u> 저는 제조업도 다르지 않다고 봐요. 요즈음 제조업 분야 중소기업 대표님을 만나면 저는 이런 말씀을 해드려요. "지금 '한국 사회에는 기업에서 일할 제대로 된 인력이 없다'라며 한숨만 쉬고 계실 건가요?", "그동안 우리 기업이 만들어놓은 생산 라인 등이 10년 뒤에도 여전히 유효하고 경쟁력 있는 제품을 생산하는 데 적합하고 문제가 없는지 고민해보셨나요?", "만일 우리 기업이 내수용 제품만 생산하고 있다면 지금부터라도 세계 시장에서 잘 판매될 만한 제품을 생산할 수 있는 체제를 갖춰야 하지 않나요? 이를 위해 자동화가 필요하다면 적극적으로 자동화 시스템을 도입해야 하지 않나요?"

교수님 말씀대로, 인력도 오프쇼어링(off-shoring, 기업 업무의 일부를 해외 기업에 맡겨 처리하는 방식)이 가능하다면 굳이 많은 시간과 비용을 들여 인력을 한국으로 불러들이는 대신 해외에서 해결할 수도 있고요. 이런 식으로 기업이 스스로 긍정적인 변화를 만들어 가도록 노력해야지, '나는 변하고 싶지 않아요. 그러니 국가가 우리에게 필요한 인력을 해외에서 구해 데려다주세요' 식이 되어선 안 된다는 겁니다.

<u>장대익</u> 맞습니다. 그리고 이 맥락과 연관되면서도 약간 다른 관점이기는 한데, '단지 생산성을 높이기 위한 목적으로 사람을 이주시켜야 한다'라는 생각은 개인적으로 좀 불편합니다. 왜냐하면 이는 생산성을 높이기 위한 하나의 수단으로 사람을 보는 것이지, 그들

을 우리와 마찬가지로 존엄성을 가진 인간으로 여기는 게 아니라는 생각이 들거든요.

실제로 한국 사회에서 외국인 노동자의 처우 등에 있어 문제의 심각성이 점점 커지고 있지 않습니까? 우리 사회가 초저출산 문제로 인구가 급격히 줄어드니까 그에 대한 해결책을 제시한다며 이주 외국인을 하나의 '숫자'로 부르는 것이, 그리고 생산성이 줄어드니까 생산성을 높이기 위한 수단으로 그들을 바라보는 것이 저는 상당히 불편합니다. 개인적으로, 저는 현재 시행되고 있는 이주민 관련 정책도 이런 관점에서 세밀히 들여다보고 필요한 부분이 있으면 과감히 개정하거나 새로운 법과 정책을 만들어 가면서라도 근본적으로 문제를 해결하기 위해 노력해야 한다고 생각합니다. 이런 문제를 해결하기 위해 어떤 정책이 필요할까요?

조영태 저도 지난 강연에서 말씀드렸는데, 최근 그야말로 봇물 터지듯 이런 문제가 터져 나오고 있습니다. 한국 사회는 현재 '인구 절벽'에 맞닥뜨려 있어서 생산 현장에 투입되어 제품을 생산할 사람이 부족합니다. 생산 현장에서 제품을 생산할 사람이 있어야 하는데, 내국인은 대부분 기피하니까 결국 이주 외국인이 필요해지는 거죠. 그렇게 우리가 필요해서 그들을 적극적으로 부르고 한국으로 오게 했으면서 막상 우리 사회로 들어온 이주 외국인, 이주 노동자를 우리와 동등한 사람이 아닌 2등 국민 취급하며 차별하는 거예요.

다양한 사람이 한데 어우러져 사는 사회에서 '차이'는 당연히 존재하더라도 '차별'은 없어야 하는데, 이런 식의 접근은 결국 차별로 이어질 수 있다고 봅니다. 그렇지 않아도 우리 사회에 너무도 많은 갈등 요인과 차별의 칸이 존재하는데, 이주 노동자 문제가 또 하나의 심각한 갈등 요인이 될 뿐 아니라 나쁜 칸을 하나 더 만드는 결과를 초래할 수 있다고 봅니다.

이런 맥락에서 저는 최근 활발히 논의되는 '인구 절벽 문제를 해결하려면 이주 외국인이 당장 필요해', '이민청을 당장 신설해야 해' 식의 '당장' 주장에 반대하고요. 대신 '인구청·이민청 등을 제대로 만들어 활용하자', '이민 관련 정책을 세심하게 손보고 새롭게 수립하자' 식의 주장에 동의합니다. 그런데 이런 일은 기초부터 차근차근 준비하고 실행해가야지, 단지 제조업을 살리기 위한 수단으로 급히 진행해서는 안 된다는 겁니다. 그런데 그 준비 작업이 쉽지 않고 여러 부처의 업무가 복합적으로 관련되어 있기 때문에 이 작업을 총괄할 수 있는 이민청이 빨리 만들어져야 한다고 생각합니다. 여기서 이민청은 당장 이민을 받아들여 관리하는 역할에 머물러서는 안 됩니다. 이민청은 우리나라의 10년, 20년 뒤 미래 노동 시장과 산업 변화 등을 면밀히 고려하고, 사회는 다양성을 수용하기 위해 무엇을 해야 하는지를 파악해 그 준비 작업을 먼저 시작해야 합니다. 지금의 어린 친구들이 10여 년 뒤 청년으로 성장했을 때 산업 현장에서 그들과 함께 머리를 맞대고 일하며 우리 사회를 이끌어 갈 주요 인력으로 이주 외국인을 받아들이기 위한 정책 등 실질적인 준비를 지금부터 차근차근히 해나가야 한다는 거예요.

사실 이와 관련해서 좋은 사례가 있습니다. 얼마 전 서울대학교가 중장기 발전 계획을 내놓았어요. 그 내용 중 베트남의 호치민국립대학교부터 시작해서 해외에 서울대학교 분교를 세우겠다는 안이 있었습니다. 물론 이는 서울대학교가 공식적으로 논의하고 결정해서 발표한 내용은 아니에요. 그러나 어쨌든 중요한 것은 비공식적이기는 해도 이런 발전 계획안이 나오게 된 맥락입니다. 서울대학교에서 이러한 논의를 하게 된 것은, 지금 당장은 아니지만 10~20년 뒤에는 서울대학교를 지망하는 대학원생이 크게 줄어들거라는 근거 있는 예측이 있기 때문이에요.

교수님도 잘 아시다시피, 서울대학교는 국가 연구·개발(R&D)의 중추 대학인데, 대학원생이 없으면 제대로 운영될 수 없지 않습니까? 그런데 머지않은 미래에 서울대학교 대학원에는 학생들이 오지 않을 거라고 합니다. 서울대학교 수준이 떨어져서가 아니라 대학원에 진학할 학생 자체가 없기 때문이에요. 이렇게 해서 서울대학교 연구·개발 시스템이 무너지거나 운영이 멈추면 그 여파는 국가 연구·개발 시스템의 정지나 붕괴로 이어질 수 있을 겁니다.

이런 사태를 방지하기 위해 무엇을 해야 할까 생각해보니 결국 우리도 외국 학생을 받아들여야 하는 상황인 거예요. 그런데 가만히 손 놓고 있으면 학생들이 알아서 찾아오거나 지망하지 않을 거 같아요? 결국, 해외 젊은 친구들을 서울대학교로 불러들이려면 '서울대학교는 국가 연구·개발의 선두 주자다' 식의 상징성과 확실한 강점을 적극적으로 드러내 보여주어야 합니다. 그런 게 있어야 똑똑하고 성장 잠재력 있는 친구들이 미국 명문대학 대신 서울대학교를 선택하겠지요.

이런 맥락에서 나온 아이디어가 베트남·인도네시아 등에 서울대학교 분교를 세워 학부에서 학생들을 잘 가르친 다음 대학원생으로 국내에 들어오게 하는 방법이에요. 이렇게 되면, 베트남과 대한민국 모두에게 이로운 길이 열릴 수 있다고 봅니다. 왜냐하면 베트남 입장에서는 자국 국민의 수준을 높여 미래 발전을 도모할 수 있고, 한국 입장에서는 국가의 중추 역할을 담당하는 대학원 연구·개발 시스템을 계속 유지할 수 있을 뿐 아니라 국내 기업에 필요한 인력을 충당할 수 있기 때문이죠. 이것이 바로 국가 성장의 초석이 되는 연구·개발 시스템의 지속 가능성을 담보하는 몇 가지 방안 중 하나가 아닐까 싶습니다.

장대익 앞서 교수님이 '블랙 라이브스 매터'를 말씀하셨잖아요? 이 부분에 대해 제 솔직한 생각을 말씀드리자면, Z세대·α세대 등 젊은 세대를 너무 긍정적으로만 보시는 게 아닌가 하는 생각이 듭니다. 유심히 살펴보면, 말씀하신 대로 이 세대가 한편으로는 자신이 경험한 일에 깊이 공감하고 또 행동으로 옮기기도 하지만, 다른 한편으로는 뭔가를 지나치게 혐오하는 경향도 있지 않습니까? 이런 경향이 이 세대의 주요 소통 도구인 소셜 미디어의 영향 탓일 수도 있고, 갈수록 극심해지는 양극화로 인한 부작용일 수도 있을

텐데요.

아무튼 어떤 일에는 교수님이 말씀하신 BLM 경우처럼 깜짝 놀랄 만큼 깊이 공감하기도 하지만 또 어떤 일에는 지나치게 무관심하거나 불필요한 혐오감과 적대감을 드러낸다는 거죠. 그래서 한편으로 잘파세대가 대륙과 국가, 지리적·물리적 한계를 뛰어넘어 같은 세대 간에 형성되는 문화적 동질성을 바탕으로 다양성의 세계로 나가게 하는 긍정적인 에너지와 DNA를 지니고 있다는 교수님 말씀에 동의하면서도 다른 한편으로 매우 우려되는 점도 있거든요. 이와 관련해 어떤 말씀을 들려주실 수 있을까요?

조영태 이 문제의 해답은 교수님이 이미 제시해주셨다고 봅니다. 무슨 얘기냐면요, 이 친구들이 대생적으로 글로벌하다는 사실은 분명하다고 봅니다. 그러므로 '문화의 동질성', '동시대성'을 타고 날 수밖에 없는 거죠. 그 연장선에서 이들은 '문명의 동시대성'도 타고났는데, 인류 역사상 이런 세대는 없었어요. 그런데 이 친구들이 타고난 문화적 동질성을 바탕으로 현대 대중문화를 공유한다고 해서 똑같이 모든 사람을 좋아하거나 싫어할 수는 없지 않겠습니까?

교수님께서 '다양성도 학습해야 한다'고 가르쳐주셨잖아요? 우리 젊은 세대, 이른바 Z세대와 α세대는 앞으로 점점 더 다양해지는 세상을 살아갈 수밖에 없는 운명입니다. 한반도 밖 세상은 이미 매우 다양하거나 점점 더 다양해지는 추세인데, 한국 사회 안에서는 다양성이 확장되지 않거나 심지어 정체 내지는 축소된다면 다른 나라 젊은이들에 비해 뒤처질 수밖에 없습니다. 그렇게 되면 국제 사회에서 대한민국의 경쟁력은 점점 더 떨어질 수밖에 없을 겁니다.

그래서 저는 앞으로 문화적 동시대성이 점점 커져갈 수밖에 없는 시대를 살아갈 우리 젊은 세대에게 다양성을 교육하고 훈련하는 일이 무엇보다 중요하다고 보는 겁니다. 그렇다면 이 친구들을 구체적으로 어떻게 교육하고 훈련할 것인가가 중요한데, 그 점을 진지하게 고민해야 할 시점이라고 생각합니다.

교수님께서 화두로 제시해주신 '다양성도 학습해야 한다'라는 명제에 제 생각을 조금 덧붙여서 말씀드려볼게요. 한국 사회의 기성세대는 주로 국내라는 한정된 공간에서 활동하고 서로 경쟁했어요. 국내에서 잘 생활하고 잘 살아남는 데에는 예전부터 이미 갖춰져 있던 시스템이면 충분하고, 그 시스템에 자기를 효과적으로 적응시키면 됐습니다. 좀 더 구체적으로, '시험'을 잘 보면 되는 거죠. 이른바 국·영·수 시험을 남들보다 잘 봐서 좋은 성적을 얻으면 그것으로 충분했던 겁니다.

문제는 이제 더는 그런 시대가 아니라는 데 있습니다. 현대 사회 자체가 거의 완전히 글로벌화했기에 국내에서만 통용되던 과거의 낡은 시스템, 낡은 패러다임, 낡은 입시제도로는 국제사회에 걸맞은 경쟁력을 갖추기 어려워진 겁니다. 향후 국제무대에서 통하는 경쟁력을 갖춘 진정한 인재로 성장하려면 이제까지 통용되어온 패러다임과 통념을 뛰어넘어야 한다고 봅니다. 지금까지와 전혀 다른 관점으로 세상을 볼 수 있어야 하고, 지금까지와 전혀 다른 방식으로 스스로 학습하며 통찰력을 키워야 한다고 생각합니다.

저도 교수님께 한 가지 질문을 하고 싶어요. 앞에서 산업 구조를 논하면서 '제조업을 유지하기 위해 인위적으로 외국인을 이주시키는 방법은 옳지 않다'라고 하셨잖아요? 이 의견에는 저도 동의합니다. 다만, 현재 해외에 나가 있는 재외 동포는 750만 명에 가까운 반면 해외에서 한국으로 이주해 온 인구는 200만 명 정도예요. 그러니까 3.5배 가깝게 차이가 나는 건데, 이 점만 보더라도 한국인이 국내에서 다양성을 체험하고 글로벌 마인드를 기르기에는 상당히 부족한 환경인 겁니다. 대다수 사람이 자신과 비슷한 사고방식·경험을 가진 사람에 둘러싸여 생활하는 거죠.

그런데 여행 등의 목적으로 해외 대도시에 가보면 일상적으로 마주치고 교류하는 사람들이 대부분 자신과 다른 사람들이에요. 그러니 이런 환경에서 느끼는 다양성 감수성은 우리와는 차원이 다를 수밖에 없어요. 이런 맥락에서 저는 단지 산업적 차원만의 문제가 아니라 기본적으로 더 많은 사람이 한국 사회 안으로 들어올 필요가 있고, 또 그것이 우리에게도 좋은 일이라고 생각합니다.

__장대익__ 맞아요. 대한민국 제조업계에서 외국인 노동자를 절실히 필요로 하는 이유가 '노동력 부족'과 '저렴한 인건비'에 있다는 점은 부인할 수 없는 사실입니다. 저는 외국인을 우리 사회 안으로

받아들이는 데에는 여러 복합적인 연유가 있는데, 노동력과 인구 측면에서의 '숫자'로만 부각된 측면이 강하다고 봅니다.

제조업 인력 충원 문제를 벗어나서 외국인 이주 문제 그 자체를 살펴보면 어떨까요? 우리는 향후 대한민국, 그리고 글로벌화한 세계에서 점점 더 이주가 많아지게 될 것으로 예상하지 않습니까? 그런데 교수님 말씀대로, 한국 사회가 이를테면 이런 식인 거예요. '우리가 한반도 밖으로 나가는 거? 오케이! 그런데 당신들은 우리나라에 들어오지 마세요.' 지금까지는 어쩌면 이런 전략이 어느 정도 통할 수 있었을지 모르겠습니다. 그런데 문제는 향후 개인을 위해서나 국가 발전을 위해서나 이런 식의 대응과 전략은 이제 전혀 먹히지 않을 뿐 아니라 심각한 후유증을 낳을 가능성이 크다는 겁니다.

조영태 대한민국의 지방 도시나 농촌의 경우 교육열이 높은 편이어서 자녀들, 그리고 학생들을 잘 교육하거든요? 그렇게 성심성의껏 아이들을 교육한 다음 지방에 있지 말고 서울로 가라고 종용해요. 그러고는 또 이렇게 말합니다. "우리가 사는 지방에는 제대로 일할 사람이 없다." 앞뒤가 안 맞는 논리잖아요? 그러니까 자기가 사는 곳에 다른 사람이 들어와 부족한 인력을 보충해주길 바라지만, 내 아이가 그곳에 남기를 원하지는 않는다는 겁니다. 누군가가 부족함을 보충해주길 원한다면 서울이나 대도시로 간 자기 아이도 이곳으로 돌아와야 한다고 말할 수 있어야 합니다. 그래야 논리

적으로도 앞뒤가 맞죠. 이렇게 들어오고 나가는 데 어느 정도 균형
이 맞아야 한국 사회 구성원들이 한데 어우러져 살아갈 만한 공간
이 될 수 있는데, 지금으로서는 그런 게 잘 안 되고 있습니다.

그렇기는 해도, 반복해서 강조하며 말씀드리면, 저는 앞으로 한
국 사회에 그런 긍정적인 변화가 일어날 가능성이 크다고 봅니다.
비록 대한민국의 생산 인구가 시나브로 줄어드는 문제가 있긴 해
도 젊은 세대가 지닌 특성상 그런 긍정적인 변화가 일어날 최소한
의 가능성은 열려 있다고 생각해요. 다만 그런 조짐을 가능성 차원
에서 끝낼 것인가, 실질적 변화로 끌어낼 것인가는 전적으로 향후
우리가 어떻게 해나가는가에 달려 있을 것입니다.

__장대익__　그렇군요. 교수님의 자세한 설명을 듣고 보니 요즘 젊은
세대가 긍정적인 면을 많이 지니고 있음을 좀 더 명확히 알겠어요.

우리나라 교육의 방향과 다양성

__조영태__　요즘 젊은 세대는 기성세대와 감수성 측면에서 사뭇 다르
다는 생각이 듭니다. 그런데 여기서 한 가지 생각해볼 것은, 만약
우리가 별 고민 없이 예전 방식대로 이 아이들을 교육하면 저절로
다양성이 길러지고, 저절로 훌륭한 사람이 되고, 저절로 당당한
글로벌 시민으로 성장할까 하는 점입니다. 당연히 그렇지 않을 겁

니다.

기성세대와 젊은 세대가 근본적으로 다른 점은 이들이 거의 태어날 때부터 SNS 등의 소통 도구에 익숙해 있고 몸에 체화돼 있다는 점이에요. 그런 점이 바로 다양성을 키워주는 요소라고 보는데, 그도 그럴 것이 SNS 공간에서는 물리적 한계를 뛰어넘어 전 세계 다양한 사람을 자유롭게 만날 수 있기 때문입니다.

그런데 동시에 SNS의 기반이 되는 플랫폼 특성상 자기가 좋아하고 성향이 비슷한 사람들과만 계속 만날 수 있도록 하기 위해 필터링 기술이 적용된다는 점입니다. 바로 이 점 때문에 양극화 경향이 점점 더 심해질 수밖에 없고요. 말하자면, 갈수록 점점 더 '넓은 공감'이 아닌 '깊은 공감'이 강화되어서 다양성을 오히려 감소시키는 방향으로 나아갈 수 있다는 우려도 있습니다.

이런 인터넷 환경에서 대한민국 미래를 책임질 젊은 세대를 제대로 교육하고 올바른 방향으로 이끌어갈 수 있을까 하는 걱정이 드는데요. 저는 교수님이 지적해주신 대로, 위의 맥락에서 우리가 알고리즘을 통해, 그리고 SNS를 통해 젊은 세대의 다양성을 대폭 확장할 가능성이 있었음에도 바로 그 알고리즘이 지닌 특성 탓에 오히려 다양성은 감소하고 편향성은 증가하는 부작용을 낳았다고 봅니다.

또 한 가지 짚고 넘어가야 할 문제는 이런 겁니다. 제가 앞에서 우리 Z세대와 그다음 세대인 α세대가 기성세대보다 태생적으로 훨씬 글로벌하다고 말씀드렸잖아요? 그런데 문제는 오늘날 한국 사회의 교육 현장에서 그런 특성에 맞게 아이들을 교육하지 않는 다는 점입니다. 그리고 바로 그 맥락에서 볼 때 대한민국의 교육 현실에서 가장 우려되는 것은 법과 제도가 변화하는 세상의 흐름을 따라가거나 거기에 맞게 바뀌지 않으면 오히려 그 탓에 차별과 불평등, 양극화의 문제가 점점 더 커질 위험성이 있다는 점입니다.

__장대익__　자, 그럼 좀 더 직접적으로 여쭤볼게요. 중·고등학교 때 정규 교육 과정에 '공감 교육'이나 '다양성 교육'을 필수 과목으로 편성하고, 실제로 학기 중에 활동하게 하고, 그에 관해 시험도 치르게 하고, 입시에도 반영해야 한다고 해보죠. 만약 교수님이 교육부 장관이 된다면 이런 부분을 교육 과정에 반영해야 한다고 굳게 믿고, 또 실제로 이것을 실행하도록 교육 현장에 지시하고 요구하실 수 있냐는 거죠.

__조영태__　네, 그렇습니다.

__장대익__　네, 제가 갑자기 왜 이런 말씀을 드리는지 좀 더 설명할게요. 가만히 보면, 한국 사회는 말로는 '이런저런 게 중요하다'라고 하면서 실제로는 반영을 안 해요. 그저 말뿐이죠. 우리 사회에서 자타가 성공한 사람으로 인정하는 이들을 보면 대부분 이렇게 이야기해요. "제 성공의 원인은 좋은 아이템 덕이기도 하지만 그보다는 사람들과 머리를 맞대며 효과적으로 소통하고 또 협업을 잘

한 덕분입니다"라고. 문제는 이런 이야기를 듣는 사람들의 태도인데요. 그들은 '좋은 아이템 덕'이라는 말까지만 듣고 그 뒤 이야기는 안 들어요.

우리 교육 현실을 살펴봐도 누구나 다 '공감'과 '다양성'의 중요성을 이야기하지만, 실제로는 이 두 가지 핵심 요소를 어디에도 반영하려고 하지 않잖아요? 저는 이 점이 매우 큰 문제이자 우리가 시급히 해결해야 할 과제라고 보는데, 사실 이 점과 관련해서는 서울대가 문제의 진원지가 아닐까 싶어요, 하하!

조영태 아니, 서울대를 떠나시더니 바로 공격하시는군요! 농담이고요, 하하! 말이 나온 김에 저도 서울대 문제에 대해 한 말씀 드릴게요. 제가 지금 서울대 교수직에 있지만, 서울대 교수라면 누구나 다 아는 문제가 바로 이거예요. '서울대는 다른 누구도 아닌 교수부터 절대로 융합될 수 없다'라는 것.

그렇기는 해도 우리는 정말로 '융합할 수 있는 인재'가 절실히 필요합니다. 그런 까닭에 서울대 중장기 발전 계획을 세울 때 나온 아이디어 중 하나가 '우리는 변(질)하지 말고 시스템을 바꿔서 학생들을 융화하게 만들자'라는 거였어요. 우리 생존 전략이 그렇게 세워졌어요. 앞서 교수님이 하신 질문으로 돌아가 말씀드리자면, 공감과 다양성을 반영할 수 있는 교육 제도가 과연 필요하냐인데, 이 점은 누구나 인정하지 않습니까? 문제는 이것이 제대로 반영돼서 '국가 교육 제도와 시스템을 긍정적인 방향으로 바꿀 수 있는가?'인데요.

저는 근본적으로 바뀌어야 한다고 보지만, 지금까지의 경험상 그게 말처럼 쉽지 않다, 아니, 그냥 쉽지 않은 정도가 아니라 거의 불가능에 가깝다고 생각될 정도입니다. 그런 까닭에, 이렇게 말씀드려도 될지 모르겠지만 공교육보다 오히려 사교육이 먼저 바뀌면 달라질 수 있지 않을까 하는 생각도 해봅니다.

'사교육'이라고 하면 무슨 단어가 가장 먼저 떠오르시나요? 당연히 '수능'이겠죠? 사교육의 목표는 학생들을 좋은 대학에 합격시키는 것이기 때문에 수학능력시험을 잘 보게 하는 게 중요하잖아요? 따라서 사교육에 종사하는 이들은 아마 이렇게 생각할 겁니다. '학생들이 좋은 대학에 합격하는 게 우리 목표이니 '공감'과 '다양성'을 길러주는 교육 방식을 따라갈 이유가 없지'라고요. 그러나 만일 사람들이 공감과 다양성의 가치를 제대로 배우는 일이 글로벌화한 현대 사회에서 살아남고 능동적으로 활동하는 데 큰 도움이 된다는 점을 경험적으로 알기 시작하면 그때부터 본격적으로 패러다임이 바뀌기 시작할 거라고 봅니다.

돌이켜서 생각해보면, 과거에는 '좋은 대학에 들어가기만 하면 그때부터 승승장구이고 무조건 성공할 거야'라고 다들 생각했고, 또 실제로 그런 경향이 있었던 것도 사실입니다. 그런데 지금은 꼭 그렇지도 않죠. 좋은 대학을 나왔어도 인생이 잘 풀리지 않는 사례가 주위에 너무 많은 거죠. 아예 대학에 진학하지 않고 자기 분야에서 성공하는 사람도 적지 않게 나오고, '난 공부와 상관없이 많은 돈을 벌 거야'라고 말하며 실제로 그걸 해내는 사람도 드물지 않잖아요. 이런 시대이니 공교육보다 오히려 사교육 쪽에서 공감 능력을 기르고 다양성의 가치를 심어주는 교육을 실시해 전 세계적으로 통하는 인재를 길러내고 배출하기 시작한다면 오히려 긍정적인 변화가 더 빨리 일어날 수도 있지 않을까 생각하는 겁니다.

<u>장대익</u> 저는 교육 정책을 수립하는 과정에 이런 요소를 어떻게 활용할 수 있을까 생각해봤습니다. 그리고 지난 강의에서 이 점을 대략 말씀드렸죠. 요약하자면, '시간상으로 경쟁을 분산시키자'는 주장이고요. 교수님과 제가 이 주제를 놓고 공동 연구를 많이 진행했으니, 저와 거의 같은 생각을 하고 계실 거라고 봅니다. 아무튼, 이런 거예요. 이제 막 고등학교를 졸업한 사람이 곧바로 대학에 진학하지 않고, 얼마 동안 '갭 이어'를 두며 나름대로 사회를 경험하다가 정말 필요하다고 느낄 때 대학에 가는 겁니다.

우리 사회 대다수 사람이 이런 시도를 하지 못하는 이유는 실제로 그렇게 했다가는 여차하면 다른 사람들과의 경쟁에서 완전히 밀려 큰 손해를 볼 수 있다고 생각하기 때문인 듯합니다. 예를 들어, 어떤 사람이 고등학교를 졸업한 뒤 대학에 진학해서 공부하는 대신 2년 동안 전 세계를 다니며 봉사활동을 하고 싶어 한다고 가정해보죠. 좀 더 구체적으로, 그는 필리핀 같은 나라에 가서 아이들에게 한국어를 가르치고 싶어 합니다. 그러나 마음먹은 대로 실행에 옮기지 못하죠. 왜 그럴까요? 그렇게 2년간 시간을 보낸 뒤

한국에 돌아와서는 자기가 원하는 좋은 대학에 갈 수 없다고 생각하기 때문이에요.

이런 학생의 경우, 2년이라는 소중한 시간을 보내고 돌아와 대학 입시에 도전할 때 그의 도전과 경험을 대학 입시에 반영해서 그가 원하는 좋은 대학에 입학할 수 있게 하자는 겁니다. 이렇게 다양한 기준을 세우고 세부 사항을 하나하나 다시 정하자는 거예요. 그런데 문제는 경쟁이 심할 때는 이런 식의 이야기를 하기가 쉽지 않다는 겁니다.

저는 한편으로는 인구가 우리 사회의 많은 현상과 문제의 원인이기도 하지만, 동시에 해결을 위한 시발점이 될 수도 있다고 봅니다. 잘 알다시피, 최근 대학의 상황이 눈에 띄게 어려워지기 시작했잖아요. 물론 서울에 있는, 상대적으로 규모가 크고 명성이 높은 대학은 아직 직접적으로 어렵다고 말하지는 않지만요. 아무튼, 여기에도 인구가 갈수록 줄어드는 문제가 중요한 원인의 하나로 잠재해 있다고 봅니다.

현재 한국 사회에서 '갭 이어'를 마치고 돌아온 사람이 대학 입시에 도전하는 일이 쉽지 않은 이유는 뭘까요? 당연히 지금의 입시 제도하에서는 반드시 수능을 봐야 하고, 그 수능은 고등학교 이후는 배제한 채 고등학교 때까지의 경험만 보기 때문이에요. 이른바 '갭 이어' 이후 대학 입시에 도전하는 일이 쉬워지려면 대학 입시라는 문턱에 도착할 수 있는 다양한 트랙이 만들어져야 하는데, 경쟁이 심한 교육 체제 안에서는 이런 트랙이 만들어질 수 없습니다. 그런데 바로 인구 감소 문제로 인해 이제 경쟁이 다소 완화돼가고 있기 때문에 저는 앞으로 그런 가능성이 대학에서도 구체적으로 만들어지기 시작할 거라고 생각해요. 예를 들면, 가천대학교에서도 '이런 방식으로 좋은 인재를 뽑을 수 있다면 얼마든지 그런 길을 만들겠다'라고 선언할 수 있는 거고요. 그리고 제가 알기론, 서울대학교 역시 이번에 세운 중장기 발전 계획안에 바로 이 내용이 들어 있거든요. 이 계획을 세울 때, 앞으로 언제가 될지는 모르지만 머지않아 꼭 시행될 수 있도록 저희가 이 조항을 넣었던 겁니다.

인구가 줄고 경쟁이 완화되면 사회 구성원 간에 경쟁도 완화될 수밖에 없다고 봅니다. 그렇게 되면 대중에게 과거와는 다른 것을 받아들일 공간, 즉 마음의 여유가 생길 것이라고 봐요. 이런 맥락에서, 비록 인구가 심각한 사회 문제를 만들어낸 동시에 바로 그 인구가 문제 해결의 시발점이 될 수 있고 또 그렇게 되었으면 좋겠습니다.

다양성은 의지를 갖고 학습해서 얻는 가치다

조영태 이제, 교수님께 다른 질문을 해보겠습니다. 인구학을 연구하는 저는 다양성의 시작점이 사람들의 이동과 이주를 통해 자신과 다른 피부색, 언어, 문화를 가진 사람이 주변에 많아지는 현상이라고 보는데요. 그렇다면 진화의 관점에서는 다양성이 어떤 의미와 가치를 지니는 걸까요? 또는 다양성은 다른 요소들과 무엇이 다른 걸까요? 이것이 첫 번째 질문이고요.

앞서 교수님도 말씀하셨듯이, 대한민국의 경우 지나치게 획일성이 강한 사회이지 않습니까? 우리 사회 구성원들이 한 가지 목표를 향해 달려가는 획일적인 사회가 아닌 여러 가지 목표를 향해 매진하는 사회, 다양성이 살아 있는 사회로 바뀌려면 우리는 무엇을 어떻게 해야 할까요? 예를 들어, 다양한 가치관을 만드는 일이 더 급한지, 혹은 외국인이 우리 사회로 많이 들어오도록 하는 일이 더 급한지 등에 대해서도 말씀해주시면 좋겠습니다. 이것이 두 번째 질문입니다.

장대익 진화와 인간 본성을 연구하는 학자의 관점으로 볼 때, 인간은 그리고 인간 사회는 기본적으로 다양성을 좋아하지 않습니다. 아니, 단지 좋아하지 않는 정도가 아니라 매우 싫어하죠. 그도 그럴 것이 인간은 누구나 본능적으로 자기와 좀 더 친밀하고 자주 교류하는 사람에게 마음이 가고 훨씬 공감하기 쉬운 존재이기 때문입니다. 이것은 타고난 인간 본성이에요.

그렇다면 왜 이런 본성이 생겼을까요? 이는 인류가 수만, 아니 수십만 년 동안 부족사회를 형성한 채 수렵·채집으로 살아가는 과정에 생겨난 것이라고 할 수 있습니다. 옥스퍼드대 로빈 던바 교수의 연구에 따르면, 수렵·채집기에 부족사회를 이루고 살던 인류의 인간관계 숫자가 최대 150을 넘지 않는다고 해요. 그런 까닭에 인간 본성과 진화론의 관점에서 볼 때 어느 날 갑자기 다양성이라는 이름으로 다른 인풋이 개인과 집단 속으로 들어와 휘젓고 다니는 상황을 끔찍이 싫어할 수밖에 없는 겁니다.

인간 본성이 이렇다는 점을 명확히 아는 일부터 시작해야 한다고 생각합니다. 개인이 모여 이루어진 집단, 혹은 인간 사회도 마찬가지입니다. 예컨대 오늘날 상대적으로 다양성 지수가 높은 서구 사회도 원래부터 다양성을 좋아한 것은 아니었습니다. 수많은 우여곡절과 시행착오를 거치며 다양성을 배우고 체화한 거죠.

지난 강의에서도 말씀드렸지만, 종교는 인류가 집단을 키우고 체계적으로 조직하는 데 큰 역할을 했습니다. 동시에 종교는 다른 많은 것과 마찬가지로 이중적이고, 복합적이며, 입체적인 속성을 지니고 있습니다. 다양성 측면에서도 예외는 아니죠. 예컨대 인류 역사상 종교는 수많은 전쟁에 결정적 원인을 제공했고, 인간 사회에 획일성을 강요하고 다양성을 감소시키거나 없애는 주범이 되기도 했습니다. 그러면서도 다른 한편으로는 다양성을 키우고 확장시키는 역할도 했어요. 그렇기 때문에 종교 문제는 단정적으로 말하기 어렵고 매우 복잡합니다.

아무튼, 인간은 기본적으로 다양성을 싫어합니다. 이 점을 명확히 이해하고 배우는 일이 전제되어야 합니다. 바로 여기에 핵심이 들어 있으니까요. 개인이 모여 이루어진 인간 사회도 마찬가지입니다. 당연히 다양성을 싫어해요. 그런 까닭에 인간 사회 안에서 자신과 다른 것, 다른 집단 등에 대한 혐오가 자연스럽게 일어나는 겁니다. 그러므로 우리가 인간 사회를 어떻게 형성하고 조직하는지, 그리고 문화의 힘을 키우는 일이 매우 중요하다고 생각합니다.

조영태 교수님 말씀을 들으니, 기억납니다. 네, 같은 생각이 맞아요! 미국에 이민 가신 분들을 보면 1세대와 2세대를 넘어 지금은 3세대가 많아졌잖아요? 이민 1세대의 경우, 한국에서 태어나 자라고 학교 교육까지 받은 분들이 대부분인데, 이민 2세대만 해도 다들 그곳에서 태어났으니까 사실상 완벽한 미국인이지 않습니까? 심지어 백인이 주류인 학교에 들어가는 경우가 많죠.

장대익 그러니까 저도 다양해지는 의지와 노력을 뒷받침해주는 정책, 인프라 같은 것이 매우 중요하다고 봐요. 그런 의지와 노력이 없다면 다양성을 싫어하는 본성이 구심력으로 작용해서 다양성 확장에 걸림돌이 된다고 생각합니다. 교수님 말씀대로, 저도 공감 교육, 다양성 교육 등이 체계적으로 이루어져야 한다고 보는데요. 그 밖의 또 다른 중요한 점으로 무엇이 있을까요? 리처드 도킨스의 '이기적 유전자' 관점으로 보자면, 공감 교육과 다양성 교육을 받는 일이 자신에게 뭔가 확실한 이익이 되어야만 기꺼이 교육에 참여하려고 하지 않겠습니까?

조영태 그렇죠. 경제적 이익이든 다른 어떤 이익이든, 이런 교육이 자기에게 확실한 이익이 된다고 생각하면 대중은 자발적으로 교육받을 거라고 봅니다. 그렇겠죠?

장대익 언젠가 덴마크 코펜하겐에서 박물관을 둘러보며 여행을 한 적이 있어요. 그때 박물관에서 마주친 사람 중 알바생이 있었어요. 관광도시이다 보니 여러 국적의 고객이 찾아와 이것저것 물어보게 되잖아요? 이 친구는 4개 국어를 자유롭게 구사하더군요. 나에게 어느 나라에서 왔냐고 물어보기에 한국에서 왔다고 했더니, "한국말을 잘 못합니다. 죄송합니다!" 이러는 거예요.

제가 보기에, 그 친구는 전문가가 아닌 평범한 대학생인 것 같았어요. 그때 순간 '아니, 이 친구들은 왜 4개 국어나 습득하는 거지?'라며 의아한 생각이 들었어요. 말이 그렇지 4개 국어를 자유자재로 구사하는 게 쉬운 일이 아니잖아요. 그리고 어떤 의미에서 보면, 4개 국어를 구사한다는 건 그 나라의 언어와 문화를 깊이 이해하며 열린 마음으로 받아들일 준비가 돼 있다는 의미이기도 하고요.

대한민국과 비교해보면 정말 차이가 크죠. 우리도 지금은 과거와 달리 해외에 많이 나가고, 이런저런 이유로 국외로 나갔다 들어오기도 하면서 글로벌하게 살고 있긴 하지만, 덴마크 같은 나라에 비하면 아직 다른 나라 사람들과 그들의 문화를 열린 마음으로 받아들이는 게 잘 안 되고 있어요.

산업 현장에서 일하거나 비즈니스를 하다 보면 결국 다른 사람과 효과적으로 소통하고 협업할 수 있는 능력이 매우 중요하다는 걸 알게 되는데요. 그런 관점에서 본다면 사실 우리가 본성적으로는 다양성 유전자를 가지고 있지 않지만, 향후 우리에게 펼쳐질 세계에서 살아남기 위해서라도 다양성 지수를 높여야 한다는 사실만은 분명해 보입니다. 세계 시장에서 경쟁하는 글로벌 기업의 경우, 특히 비즈니스의 핵심이 공감을 바탕으로 한 소통력과 협업 능력이 아닐까 싶고요. 다양성을 인정하고 키우기 위해 노력하는 일 그 자체가 세계 시장에서 우리 기업과 대한민국의 경쟁력을 높이는 데 크게 도움 되는 일이라고 생각합니다.

조영태 인구학자의 관점에서 볼 때, 현재 우리나라가 맞닥뜨린 심각한 문제 중 하나가 '초저출산' 현상인데요. 다양성을 확장하는 일은 이 문제를 해소하는 데에도 크게 기여할 수 있다고 봅니다. 이와 관련해 제조업을 중심으로 앞서 말씀 드렸는데요. 대한민국은 수십 년 동안 제조업 중심 사회였고 제조업으로 먹고살아오지 않았습니까? 그런데 학교 교육 등을 통해 젊은이들을 제조업에서 일할 사람으로 키우지 않았기 때문에 초저출산 등 만만치 않은 부작용과 극심한 경쟁을 낳았다고 보는 거예요.

우리나라 젊은이들은 경쟁이 점점 심해지는 사회에서 살아가야 하는 데다, 특히 서울·수도권의 경우 집중력과 밀도가 너무 높다 보니 그 여파로 당연히 출산율이 떨어질 수밖에 없는 거죠. 그런데 이들 젊은 세대에 맞게 대한민국의 산업 구조와 패러다임이 바뀐다면 상황이 달라지지 않겠습니까? 즉, 우리 산업 구조가 제조업 중심에서 벗어나거나 최첨단 시스템과 메커니즘으로 바뀐다면 많은 문제가 해소될 수 있지 않을까 하는 겁니다. 그 과정에 우리 사회 전체적으로 다양성이 더욱 확장될 것이고, 그런 환경에서 젊은 세대는 자기 역량을 좀 더 자유롭게 펼칠 수 있지 않을까 생각하는 겁니다.

만일 그렇게 된다면 초저출산 문제도 어느 정도 극복할 수 있다고 봅니다. 왜냐하면 한국 사회의 출산율을 '인구 절벽'이라는 말이 나올 정도로 크게 떨어뜨린 주요 원인이 과도한 '밀도'와 '경쟁'이라는 점을 염두에 두고 보면 그런 변화가 밀도를 차츰 떨어뜨리고 경쟁을 완화하는 방향으로 나아갈 가능성이 크다고 보기 때문입니다.

지금 대한민국 출생률이 0.78까지 떨어졌다고 하는데, 앞서 말씀드린 방향으로 간다면 제가 생각하기로는 2030년대 중반에는 다시 1.3 정도까지 올라갈 수 있지 않을까 싶어요. 적어도 1.1 정도까지는 충분히 올라갈 수 있을 것 같습니다.

장대익 언젠가 학생들을 데리고 나주 혁신도시를 방문해서 혁신도시를 설계한 분의 설명을 들은 적이 있어요. 나주에 한전이 있지 않습니까? 그분 말씀이, 혁신도시 안에 한전을 지으면 젊은 친구들이 다 내려올 줄 알았대요. 그런데 그게 아니었던 거죠.

나주 혁신도시 안에 중앙공원이 있고 그 근처에 한전 건물이 있는데, 바로 옆에 고구마밭이 있더라고요. 처음에 잘 모르고 '아, 나주 혁신도시가 생태도시라 한전 옆에도 고구마밭을 조성해놓았구나'라고 생각했어요. 알고 보니 그게 아니었어요. 사람들이 안 내려오니까 추가로 건물을 지을 필요가 없어져서 공터에 고구마밭을 만들 수밖에 없었다는 거예요. 그러면서 자신의 혁신도시 계획은 실패작이라며 한탄하시더군요.

애초 계획으로는 그곳에 좋은 학교를 만드는 안도 있었다고 해요. 그런데 그 계획도 다른 지방이 극렬히 반대하는 바람에 좌초되었고요. 그 탓에 그곳에서 생활하는 공무원들은 그래도 나름대로 좋은 직장에 다니니까 주중에는 그곳에서 생활하지만, 주말만 되면 광주나 서울·수도권으로 다 올라간다는 거예요.

그분의 설명을 들으면서 이런 생각이 들었어요. 우리가 지난 몇 년 동안 코로나19 팬데믹을 겪으면서 어쩔 수 없이 사무실 대신 각자 집에서 일하는 재택근무 형태를 취했었잖아요? 그 연장선에서, 반드시 서울이나 수도권에 거주하지 않으면서도 그곳의 회사를 다닐 수 있지 않을까 생각했어요. 그렇게 될 수 있다면 같은 공간을 두고 벌이는 소모적인 경쟁이 훨씬 줄어들고, 자연스럽게 출산율도 높아지지 않을까 하는 생각도 했고요. 이 점을 어떻게 생각하시는지요?

조영태 교수님 말씀대로, 나주 혁신도시를 포함한 혁신도시를 만들어낸 배경에 '서울·수도권으로의 지나친 집중화' 문제가 있지 않습니까? 애초 과밀화된 인구를 흩어놓으려는 목적으로 추진된 계획안이었는데, 결국 실패한 셈이죠. 나주만의 문제가 아니라 다른 도시도 마찬가지고요. 지금까지의 상황만 놓고 봤을 때 혁신도시 계획은 실패라고 볼 수밖에 없을 것 같습니다.

일과 직장도 중요하지만, 삶이 그것만으로 이루어지는 것은 아니잖아요? 교육·문화생활 등 우리 삶에는 중요한 영역이 많죠. 오히려 일과 직장 관점에서만 보자면, 앞으로는 서울·수도권이든 광주나 대구, 부산이든 자기가 좋아하는 곳에 거주하면서 온라인으로 얼마든지 일할 수 있는 시대가 곧 올 거라고 봐요.

그러나 일·직장을 제외한 여러 영역 중 문화생활만 놓고 봐도 그렇지 않아요. 업무 시간이 끝난 뒤에는 저녁에 친구나 지인을 만나야 하잖아요? 그들과 만나서 같이 저녁 먹고 차를 마시거나 가볍게 한잔하는 등 시간을 보내야 하죠. 이런 건 업무처럼 온라인으로 해결이 안 되거든요. 게다가 여가를 보내고 문화생활을 하기에는 서울·수도권, 특히 서울만 한 물리적 공간은 없지 않나요? 이런 문제가 전반적으로 해소되고 지혜롭게 해결되지 않으면 안 되는 거죠.

장대익 서울로 사람이 점점 더 몰리는 건 교통 수단 발달 같은 측면에서 과거에 비해 서울로 이동하기가 한결 쉬워져서 그런 게 아닐까요? 사실 너무 멀리 떨어져 있으면 원격으로 일하고 이동할 수 없으니까 그냥 자기가 거주하는 곳에서 지낼 수밖에 없잖아요. 교통 수단 발달 등으로 이동이 너무 쉬워진 탓이 아닐까 하는 생각도 해봤습니다.

물론 KTX·비행기 같은 초고속 이동 수단을 탓하자는 건 아니에요. 대한민국이, 그리고 한반도가 좁아서 초고속 이동 수단을 이용하면 그야말로 몇 시간 안에 어디든 손쉽게 이동할 수 있는 시대이기 때문에 서울·수도권 집중화 현상이 갈수록 심해지는 게 아닐까 생각합니다.

조영태 맞습니다. 그런데 사실 저는 그런 식의 '집중화'가 더 많이 이루어져야 한다고 보는 편이에요. 말하자면, 누구든 좀 더 쉽게 이동하고 자기가 원하는 곳으로 왔다 갔다 할 수 있어야 한다고 보는 거죠.

왜냐하면요, 현대 사회는 물리적 공간의 간격이 갈수록 줄어들고, 서로 가까워지고, 공간과 공간 사이를 이동하는 데 드는 시간도 점점 줄어드는 데 반해 여전히 이 두 가지가 한꺼번에 인지되지 않고 별개로 인지되고 있다고 보기 때문이에요. 우리 인식 속에서 따로 노는 공간과 시간을 하나로 묶어주고 더 가깝게 만들어주어 그 갭을 뛰어넘을 수 있게 해주어야 한다고 보는 겁니다.

참고로, 인구학에서 사용하는 기본 개념 중 'person-years lived (PYL)'라는 게 있어요. 간략히 설명하자면, '한 사람이 1년 동안 어디에 살았는가?'를 기준으로 '이 사람은 이 동네 사람이고요', '저 사람은 저 동네 사람이에요' 식으로 얘기한다는 겁니다. 그리고 이것을 기준으로 행정구역 개념을 만드는 거예요. 그러니까 행정구역상 '저는 서울 사람이에요' 또는 '저는 경기도 사람입니다'라는 식으로 얘기하는 거죠. 그리고 행정구역상 경기도에 거주하는 사람이 날마다 서울로 출퇴근하는 개념이 생기는 겁니다.

사실 서울에서 직장을 다니고, 쇼핑이나 문화생활을 하고, 친구나 지인을 만나 식사하고 차 마시고 술을 마시며 일상생활을 영위하는 사람도 행정구역상 경기도민인 경우가 많은데, 그 이유는 바로 PYL 개념으로 보면 명쾌하게 설명됩니다.

이 행정구역을 만든 PYL 개념을 벗어던지면 됩니다. 그러니까 '이 사람이 서울 시민이냐 아니냐' 이런 개념을 없애고, 더 많이 뚫어주고, 더 자유롭게 왔다 갔다 할 수 있게 해주면 되는 거죠. 그러면 사람이 점점 더 활발히 움직이고 이동하며 긍정적인 에너지와 활력을 만들어낼 것이거든요. 그렇게 함으로써 비록 대한민국 영토가 좁지만 좁다고 느끼지 않고 여유롭게 활용할 수 있게 되는 거죠. 앞으로 우리에게 펼쳐질 세상에서 더는 물리적 공간, 어디에 거주하느냐가 중요하지 않다고 봅니다.

장대익 2021년 한 해 동안 우리나라에서 태어난 신생아 숫자는 26만 명밖에 안 됩니다. 이 숫자는 그야말로 너무 적지 않은가요? 수도인 서울 입장에서는, 이 아이들이 모두 서울에 살아야 하지 않나 싶은 정도니까요. 이 정도 숫자로는 수도권과 지방의 다른 도시는 차치하고 일단 서울시 유지도 어려울 정도 아니겠어요?

교수님 말씀대로, 앞으로 거주하고 생활하는 건 서울이든 판교든 광주나 대구든 상관없고, 더 많이 뚫어주고 더 많이 연결해주어서 전국적으로 자유롭게 활동할 수 있게 해주어야 하잖아요? 그런데 그렇게 하자면, 그에 걸맞은 인프라가 받쳐줘야 하는데 지금과 같은 행정구역 체제로는 쉽지 않다고 판단됩니다. 그런 까닭에 먼저 행정구역의 개념부터 확 바꿔야 한다고 생각해요.

그리고 저는 이동이 좀 더 활발해지고 활동이 자유로워지면 지금 우리가 안고 있는 초저출산 경향으로 인한 인구 문제 같은 심각한 문제도 별것 아닐 수 있을 거라고 봅니다. 그리고 교수님 말씀을 듣다 보니까 드는 생각이, 사실 우리가 이주 외국인을 받아들일 거냐 말 거냐 같은 문제가 쉽지 않은 게 우리 안에 잠재해 있는 '혐오 정서' 때문이잖아요?

사실 내국인 간에 생겨나는 혐오든 외국인을 향한 혐오든 평소 상대방에 대한 정보와 그들과의 접촉이 거의 없거나 드물어서 생기는 경우가 많다고 보는데요. 일테면, 우리 젊은 세대가 한국 사회에 공존하는 노인에 대한 정보가 부족하거나 밀도 있게 접촉하지 못해서 편견과 혐오, 차별 정서가 자연스럽게 생겨난다고 보는 겁니다.

만약 앞으로 모든 국민이 좀 더 활발히 이동하고 자유롭게 활동하는 시대가 우리 앞에 펼쳐진다면, 그래서 어디에서든 주위 사람과 어우러져 열정적으로 일할 수 있는 환경이 조성된다면 좀 더 다양한 사람을 만나는 기회가 생기게 될 테니까, 그로 인해 우리 안에 다양성을 더 많이 키우고 확장할 수 있게 되지 않을까 기대합니다.

<u>조영태</u> 교수님도 기억하실 텐데, 예전에 우리 같이 중국에 간 적이 있잖아요? 선전이었던 것으로 기억하는데요. 아무튼, 어딘가로 이동할 때 버스 안에서 교수님과 제가 옆자리에 앉아 한참 시간 가는 줄 모르고 서로 즐겁게 담소를 나눴잖아요? 그때 분명히 느꼈죠. '진화학과 인구학이 이렇게 가까웠구나!'라는 걸. 아니, 그냥 가깝다는 표현으로는 부족한 것 같고요. 예컨대, '우리나라의 고질적인 인구 문제를 해결하는 데 진화학이 정말 많은 혜안과 통찰을 줄 수 있겠구나!' 싶었죠.

그 후 교수님과 이렇게 저렇게 교류하고 소통해오다가 오늘 또 이렇게 만나서 이런저런 말씀을 나누다 보니 참 감회가 새로워요! 오늘 교수님과 대담하면서 개인적으로 새롭게 깨달은 건 이런 거예요. 예컨대, 초저출산 경향으로 인한 인구 문제 같은 것이 우리가 지나오면서 생겨난 과거 문제라고 한다면, 진화론적 관점에서 볼 때 '다양성이 확장될 것이다', '(본성상 인간은 다양성을 싫어하기 때문에) 다양성도 학습해야 한다'라는 명제는 미래 지향적인 것이라는 깨달음입니다.

인간의 진화는 좋은 방향으로 진행되어야 하니까, 위 명제와 관점이 제겐 많은 도움이 되었습니다. 이런 맥락에서 저는 지금까지의 상황이 '제1막'이었다면 이제부터 펼쳐질 상황은 그야말로 '제2막'이 되는 게 아닐까 하는 생각까지 했습니다.

<u>장대익</u> 교수님과 마찬가지로, 저 역시 4년 전쯤 중국 선전에 갔을

때 우리에게 일어난 '인구학과 진화학의 융합'이 무척 흥미롭고 유익했습니다. 그런데 그 후 제가 가천대로 옮기게 됐잖아요? 12년 가까이 서울대에서 생활하다가 가천대로 옮겨 가면서 사실 고민이 많았어요. 그럴 수밖에 없는 것이, 서울대는 제게 오랫동안 너무도 익숙한 공간이었거든요. 서울대에서 학생들을 교육하며 나름대로 보람도 많이 느꼈지만, 어느 순간 이런 생각이 드는 거예요. '내가 소통하며 교육하고 이끌어줄 학생이 이들밖에 없는 걸까?' 그 연장선에서 '지금까지 함께해온 학생들과 전혀 다른 학생들이 모인 곳에 가서 지내보고 싶다'라는 생각을 해오던 차에 마침 가천대에서 좋은 제안을 해주어 고민 끝에 옮기게 된 겁니다.

개인적으로는 나름대로 만족하며 행복하게 잘 지내고 있습니다. 뭐랄까, 제 공감의 간격과 경험의 폭을 좀 더 넓히는 계기가 됐다고 할까요? 이런 새로운 경험과 과정을 통해 그전까지 제게 익숙했던 물리적 공간, 마지노선이라고 생각했던 공감의 반경이 크게 넓어지고 다양성이 확장되는 걸 경험했다고 할 수 있어요. 이제, 이런 새로운 경험을 통해 다음 단계로 갈 수 있지 않을까 하는 생각도 들었고요.

오늘 교수님을 만나 대담하면서, 또다시 '다양성'을 주제로 '인구 문제', '경쟁 문제' 등을 심도 있게 논의하다 보니 앞으로도 우리가 같이할 수 있는 일이 너무 많다는 생각이 들었고, 또 소중한 걸 많이 배우게 되었습니다.

조영태 수고하셨습니다.

장대익 고맙습니다.

인디아더존스: 우리는 왜 차이를 차별하는가

1판 1쇄 발행 2023년 11월 30일
1판 2쇄 발행 2023년 12월 7일

지은이 염운옥 조영태 장대익 민영 김학철 이수정
기획 티앤씨재단
기획총괄 김희영
펴낸이 이재두
펴낸곳 사람과나무사이
등록번호 2014년 9월 23일(제2014-000177호)
주소 경기도 고양시 일산서구 강선로 142, 1701동 302호
전화 (031)815-7176 팩스 (031)601-6181
이메일 saram_namu@naver.com
인쇄·제작 도담프린팅
종이 아이피피(IPP)
영업 용상철

ISBN 979-11-88635-86-3 03100